JN438158

at 5 p.m

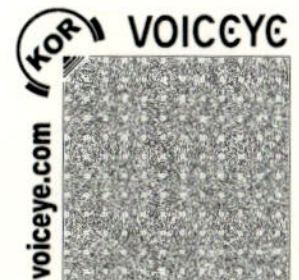

소리로 읽는 책

이 책에는 글을 읽을 수 없는 분들을 위한
점자 · 음성변환용코드가 양면페이지 우측 하단에 있습니다
별도의 시각장애인용 리더기 혹은 스마트폰 보이스아이 어플을 사용하여
즐거운 시 감상이 되기를 바랍니다
voiceye.com

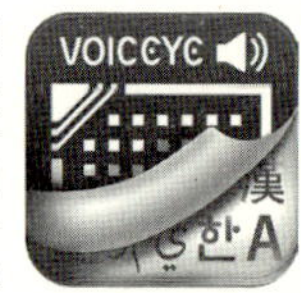

Over a Wall
prose
6

오후 5시

김복희 글·그림

Kim Bokhui Essay

at 5 p.m

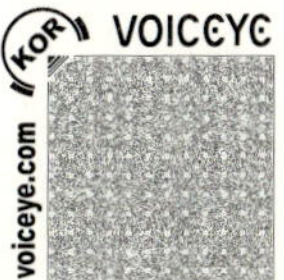

사랑하고 싶습니다

달동네에서, 인심이 돈독한 창신동에서
개망초처럼 피고 지기를 60여 년 지내고 있습니다

이제는 동네도 많이 변하여 없어진 건물도 있고
새로 생긴 건물도 있습니다

낯선 얼굴을 한 사람도 있고
아는 얼굴도 한두 사람 떠나갔지만
그래도 이곳은 언제나 다정하고
어머니 품속처럼 따스하게 품어주고 있습니다

그 동안 살아온 날들을

부족한 글이지만 조각보처럼 엮어 보았습니다

건강할 때까지

꿈을 꾸고 글을 쓰며

창신동을 사랑하고 싶습니다

낙타산 기슭에서

김 복 희

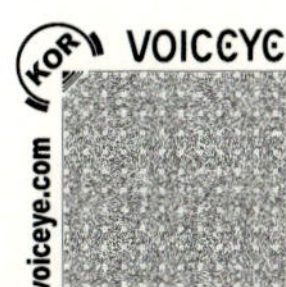

차례

오후 5시

—2부 장다리꽃—

차례

오후 5시

오늘 내 곁에 있는

한국적인 우리 옛건물을 보며

희망을 얻는다.

종소리는 어제도 울렸고

그제도 울렸을 것이고

그 전에도 울렸을 것이다.

그런데 오늘에서야 나의 귀가 열리고

마음이 열렸다.

날씨가 더워지기 시작하자 봉제공장의 문도 조금씩 열리기 시작했다. 나는 기웃거리며 안을 들여다본다. 하늘색 남방을 만들기도 하고 흰색 상의를 만들기도 한다. 이분들은 하루 종일 미싱을 밟으며 무료함을 달래기 위해 고향에 있던 나무의 추억을 떠올리기 위해 이 나무들을 집 둘레에 심었나 보다. 그래서 나무들은 재봉틀 밟는 소리를 들으며 더 힘차게 쑥쑥 자라는가 보다.

1부

창신동 이야기

오후 5시

사무실에서 일에 몰두해 있었다.

어디선가 종소리가 들린다. 순간 나의 마음은 평온해졌다. 왠지 모르게 하던 일을 멈추고 가만히 서서 눈을 감고 그 종소리를 들었다. 마치 제야의 종소리같이 묵직하며 깊이가 있었다. 그리고 맑은 영혼의 울려 퍼짐이 부드러웠다. 난 이것이 어디서 들려오는 소리인가 궁금해졌다. 시계를 보니 오후 5시였다.

지금 이 시각이면 모든 심신이 피로에 지친다. 그러나 종소리를 듣는 순간 청량제처럼 가슴이 다 후련해졌다.

궁금증을 풀기 위해 브라인드를 걷었다. 그리고 밖을 내다보았다. 아무리 두리번거려 봐도 그 종소리의 출처를 알 수 없었다. 겨울인 탓인지 밖은 벌써 어둠이 깃들기 시작했다. 건물들 창문마다 불들이 켜지기 시작했다. 그 불빛들을 보니 서글픔이 몰려온다. 괜스레 이 시간대에 듣는 종소리가 슬픔으로 밀려온다.

'사람은 슬픔을 느낄 때 가장 순수해질 수 있다지 않은가….'

한 곳이 초점을 멈추게 했다. 아침이나 낮에 볼 땐 별로 관심 없이 스쳐 지나갔던 곳. 마치 이방인처럼 현대적인 건물에 둘러쌓여 있는 곳. 얌전하고 곱다란 기와지붕이 보이고 텅 빈 마당도 보인다. 그곳엔 비둘기만이 지붕 위에 앉았다 마당에 앉기도 한다. 스모그인지 저녁 안개인지 마당이 뿌옇게 흐려있다. 이곳은 '동묘(東廟)'였다. 동묘공원은 내 유년의 추억이 서린 곳이다. 한 동네에서 30여 년을 넘게 살고 있는 나는 항상 이사가는 것을 꿈꾸고 있었다. 그러나 역마살 같은 것은 없는지 오래오래 눌러산다. 그러다 보니 나의 아이들도 그곳에 데려간 적이 있다.

단오에는 단오절 행사를 한다. 일명 '동관왕묘' 라고 하는데 중국의 장수 관우(關羽)의 영을 모신 묘이다. 익히 알다시피 중국의 삼국지에 장비, 유비, 관우 세 장군이 나온다. 그 관우이다. 어떤 연유로 중국의 장군을 우리나라에서 모시게 됐는지 모르지만 용감무쌍한 정과 의리를 나도 흠모한다.

아뭏든 이곳의 공간을 나는 즐거워했다. 우선 문을 열고 들어가면 문 양쪽에 눈을 부릅뜨고 큰 칼을 차고 있는 수문장을 만난다. 언제나 그 수문장이 무서웠다. 그래서 까치발을 하고 얼른 뛰어들어 가면 푸른 풀잎 냄새들이 나를 반겨주곤 했다. 도심의 한가운데 작은 숲이 나의 마음을 끌어당겼다. 아이들과 소꿉을 놀기도 하고 풀을 뜯기도 했다. 그러나 성장기를 맞으면서 이 곳의 발길은 끊어졌다.

요즘 나는 내가 조선인이라는 것에 실감한다. 이제껏 민족성이나 민족혼을 뼛속 깊이 느끼지 못했는데 세월이 흐르고 나이도 한 살씩 더 먹다 보니 '한국적' 이라는 것에 관심을 갖게 되었다. 그래서 오늘따라 유난스레 조선 기와지붕과 한옥의 멋에 깊은 관심이 가는 것이다. 그 건물 자체가 나를 기다려 주는 고향과 같은 느낌이다.

요즘 같은 시대를 '불확실성의 시대', '해체의 시대', '혼돈의 시대' 라고들 한다. 흐르는 시대적 감각을 무시하고 살 수도 없다. 그러나 한국적인 것을 찾는 것이 나의 시대다. 그래서 나로서는 따라가기 힘든 시대다.

하지만 오늘 내 곁에 있는 한국적인 우리 옛 건물을 보며 희망을 얻는다. 종소리는 어제도 울렸고 그제도 울렸을 것이고 그전에도 울렸을 것이다. 그런데 오늘에서야 나의 귀가 열리고 마음이 열렸다.

나도 어리석은 한 인간이기에 탐심이 있고 남에게 실수도 하고 부지불식간에 상처를 주기도 한다. 그러나 이 종소리를 들을 수 있는 한 오후 5시가 되면 나는 나를 반성하는 시간이 될 것이다. 아마도….

누가 꼭 그 시간이 되면 종을 치는지 모르겠지만, 불 속에서 수만 번의 담금질을 견디어 낸 쇠의 부활하는 소리들이 내 가슴을 향해 사박사박 걸어온다. 종은 홀로 종루에 매달려 외롭고 고독하게 지내다가 자기와 닮은 사람들의 가슴 속에 살포시 날아가 앉는다.

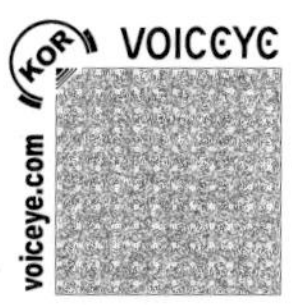

창신동 이야기
-봉제 공장

창신동에는 봉제 공장이 많다. 평화시장과, 제일평화, 광희시장, 남평화 청평화 상가가 밀집해 있다. 그리고 두타와 밀리오레 상가가 가깝게 있어서 의류 산업이 활발한 탓일 게다. 그래서 우리 동네는 집에다 작은 공장을 차리고 하청 받은 의류를 가공하는 집이 많다. 이 부근을 지날 때면 옷을 박는 재봉틀 소리가 요란하고 다리미에서 뽑아져 나오는 수증기가 건물 밖에 있는 호스로 떨어지는 모양을 볼 수 있다. 추운 겨울에는 문을 닫고 하면 되지만 올해처럼 무더운 여름날에도 쉬지 않고 열심히 일하는 모습을 보며 나도 조금 더 열심히 살아야겠다는 생각을 한다.

사실 나도 의상에 관심이 많았다. 어릴 적에 이모가 만들어준 인형에 입힐 옷을 자주 만들었다. 지금처럼 예쁘게 생긴 인형이 아니고 옷감에 솜을 넣어 머리와 팔다리와 몸통을 달아놓은 것이었다. 얼굴은 크레용으로 눈 코 입 눈썹을 그려서 정말 볼품 없는 인형이었다. 그래도 그 인형을 애지중지 여기며 밤에는 끌어안고 자기도 하였다. 집에 돌아다니는 헝겊 자투리를 모아 인형 옷을 만들다가 서툰 바느질 솜씨에 손가락을 찔려 생인손을 앓기도 했다.

어머니는 이 인형을 무척 싫어하였다. 집안에 부정이 타고 귀신을 끌어들인다고 우리가 나간 사이에 어느 틈에 갖다 버렸다. 나의 상실감은 무척 컸다. 그래서 이모를 졸라 또 만들어서 가지고 놀며 어머니 몰래 숨겨 놓고 이런 저런 옷들을 만들어 주었었다. 그렇지만 철이 들어가고 학년이 높아지면서 공부하기에 바빠 인형을 만지고 놀지 못했다 그 대신 종이 인형을 만들었다. 그리고 종이를 반으로 접어 인형에게 입힐 옷을 그리고 가위로 오려 인형 위에 걸치는 방법으로 소일을 했다. 그렇지만 나는 전혀 다른 길을 가고 있다. 인연이 아닌가 보다. 그래도 그 공장 앞을 지나며 듣는 기계 소리는 나의 지친 심신에 힘이 나게 한다. 또 무기력해가는 나의 생활에 활력소가 된다.

요즘 외출해서 집으로 돌아가는 길목에 있는 작은 봉제공장 앞에 꽃나무가 하나씩 심어지기 시작했다. 골목길 어귀에 흙을 파고 한 그루 한 그루 심기 시작한 나무들을 눈여겨보게 되었다. 처음에는 시들시들 잘 자라지 않을 것 같은 나무들이 기운을 차리고 씩씩하게 자라기 시작했다.

날씨가 더워지기 시작하자 봉제공장의 문도 조금씩 열리기 시작했다. 나는 기웃거리며 안을 들여다본다. 하늘색 남방을 만들기도 하고 흰색 상의를 만들기도 한다. 이분들은 하루 종일 미싱을 밟으며 무료함을 달래기 위해 고향에 있던 나무의 추억을 떠올리기 위해 이 나무들을 집 둘레에 심었나 보다. 그래서 나무들은 재봉틀 밟는 소리를 들으며 더 힘차게 쑥쑥 자라는가 보다.

어제는 집에 돌아가는 길 석류나무에 석류가 매달린 것을 보았다. 그래서 반가움에 스마트폰으로 찰칵 한 장 찍었다. 마치 시골집 뒤란에서 자라던 석류를 만난 것 같았다.

어쩐지 정겨웠다….

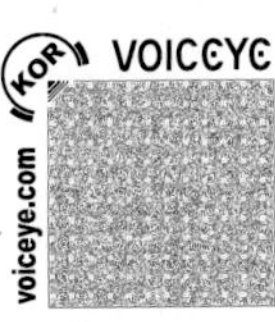
KOR
VOICEYE
voiceye.com

이층으로 가는 층계

나는 이 층으로 가는 층계를 좋아한다.

어디를 가든지 이 층으로 오르는 층계가 있으면 그곳을 바라보며 위에는 무엇이 있을까 하는 궁금증이 생긴다. 커피점에 가더라도 이 층 창가에 많이 앉는다. 이야기 중간중간 밖을 내다보기도 하고 지나가는 행인을 보기도 한다. 평지에서 볼 때보다 사람들의 얼굴 표정과 걸어가는 모습이 햇살에 반사되어

영화 스크린에서 보이는 사람들처럼 멋있다. 간혹 해가 지고 땅거미가 질 때, 빌딩 창문에 하나둘 불이 켜지면 그 불빛이 가로수에 얼비치고 행인들이 집으로 돌아가는 모습을 보며 엷은 우수에 잠길 때도 있다.

나는 딱딱한 시멘트로 된 층계보다 나무로 된 층계를 좋아한다.

내가 살던 한옥집의 추억이 떠오르기 때문일 것이다. 그곳에서도 유독 다락방을 좋아했다. 그 다락방을 오르려면 나무로 만들어진 자그마한 층계를 올라야만 했다. 이 다락방에는 집안의 잡다한 물건들을 놓아두었다. 그냥 버리자니 아깝고 두자니 거추장스러운 물건들을 모아 놓고 간혹 필요하면 다시 찾아 쓰는 물건들의 창고 같은 곳이었다.

가끔 이곳에 올라 혼자 책을 볼 때도 있고 친구와 소꿉놀이를 하기도 하였다. 어린 나이지만 누구의 간섭을 받지 않고 잠시나마 자유를 느낄 수 있는 곳, 천장에 흰색으로 회칠한 사이로 가느다란 나무들이 걸쳐있지만 나에게는 별이 빛나는 하늘과 같은 느낌을 주던 곳이었다.

그렇지만 그곳과도 결별하게 되었다. 결혼을 하게 되어 나의 소지품을 조그마한 상자에 담아 테이프로 봉한 후 가장 깊숙한 곳에

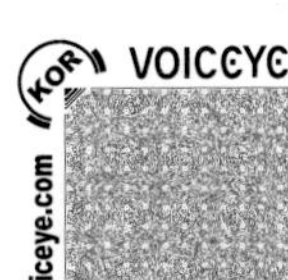

넣어 두었다. 친정에 가끔 가는 날도 있었지만 굳이 다락방에 올라가 그것들을 확인해 본 적은 없다. 아이들을 낳고 세상살이에 눈코 뜰 새 없이 바쁜 날들을 보내며 내 추억들은 상자 속에서 망각되어 가고 있었다.

어머니가 그 한옥집을 팔고 아파트로 이사를 하는 날, 내 상자도 송두리째 고물상으로 가게 되었을 것이다.

나에게 또 한 가지의 층계에 대한 추억이 있다면 그것은 궁 안 마을에 살 때 대문 맞은편에 있는 이 층집에 대한 추억이다. 이 집은 밖에 이층으로 오르는 층계가 있었다. 한 번도 그곳에서 누가 오가는 것을 보지 못해 늘 궁금했는데 그날은 할머니가 내려오시고 있었다. 그리고 뒤를 이어 어느 소녀가 내려왔다. 한발 한발 조심스럽게 내려오는 여자아이는 분홍 원피스를 입고 머리는 길게 길러 한 갈래로 묶고 있었다. 볼은 발그스레하고 눈이 큰 아이였다. 할머니는 미리 내려와서 층계 위를 바라보며 "조심해서 내려와" 하면서 두 팔을 벌리고 내려오는 소녀의 한발 한발을 주시하고 있었다. 이윽고 다 내려온 소녀는 두 팔을 벌린 할머니 품에 안겨 둘이 깊게 포옹한 후 골목 끝으로 사라졌다.

그들이 골목에서 사라진 후 나는 나의 가슴을 쓸어내리며 그 층계를 쳐다보았다. 왠지 그들은 저 층계를 오르내리며 나보다 더 행복해 보이는 것 같았다. 가끔 내가 세상을 살며 앞이 캄캄해 올 때 환상처럼 그 할머니와 소녀는 층계에서 내려와 골목 끝으로 사라져 가곤 했다.

나는 가슴에 손을 얹고 심호흡을 하고 나면 희한하게 그 고비를 무사히 잘 넘길 수 있었었다.

이제 나는 소녀도 아니고 아주머니라는 호칭을 넘어 할머니가 되었다. 이제는 꿈도 퇴색되어 가고 희망을 가져 봐야 꺼림칙하고 희끗한 머리카락처럼 회색빛 삶의 연속이라고나 할까. 그리고 요즘은 백세시대라고 한다. 남겨진 삶들을 아름답고 건강하고 씩씩하게 살아야 할 것 같다. 아직도 남겨진 인생을 어떻게 살아야 할지 분명한 계획이 서 있지 못하다.

그러나 요즘 나는 소녀를 안아주던 할머니처럼 두 팔을 벌리고 손주를 껴안아 줄 수 있는 따스한 품속을 가지려 한다. 그리고 손주가 세상을 향해 나아가는 길에 멘토가 되어가려고 한다.

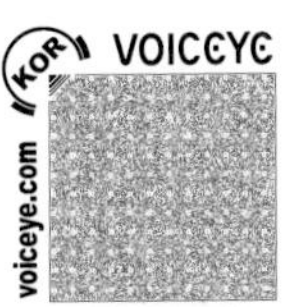

내 마음의 우물

나는 한동네에서 60여 년을 살고 있다.

그래서 이 동네에 있던 우물에 대한 추억이 있다. 우물은 내 마음속에서 사라지지 않는다. 우물은 공들여서 잘 지어진 것으로 기억된다. 지붕은 지금의 정자처럼 팔각으로 되어있고 그 아래 우물은 원형으로 지이져서 높이가 나의 키만큼 되었다. 그래서 우물 속이 궁금해서 들여다보려면 까치발을 들고 안을 들여다보아야만 했다. 그러면 저 밑바닥에 넘실대는 물이 나를 냉큼 집어 삼킬 것만 같아 얼른 고개를 돌리곤 했다. 그런데 지금도 궁금한 것은 그곳에 내 또래의 아이들이 있다거나 사람이 많이 있지 않았는데 나는 왜 그곳에서 오랫동안 놀았는지 모른다.

우물 속에서 우물 벽에서 떨어지는 물소리가 가끔 들렸다. 바닥에는 조금 전에 물을 뜨고 간 사람이 흘려 놓은 물 자국이 남아 있었다. 가끔 동네 아주머니나 아저씨가 물지게를 지고 와서 기둥에 동여 매여있는 두레박으로 물을 푸는 것을 본다. 그 두레박은 우물 바닥에 던져질 때 철벅하고 떨어지는 소리가 난다. 물을 길어 올리며 흘리는 물소리를 듣는 것이 좋아서 그곳에 있었던 것 같다.

나는 그곳에서 이사를 하였지만 가끔 우물곁을 지나갈 수 있었다. 같은 반 친구가 우물 부근에서 살고 있어서 그 앞을 지날 때면 잠깐 다가가 봤다. 우물의 높이가 내 허리 정도 밖에 안 차고 물도 별로 깊어 보이지 않았다. 그런데 예전에는 왜 그리 높아 보였을까? 예전에 이 우물을 들여다볼 때마다 물에 푸른 눈이 있어서 나를 빤히 쳐다보는 것만 같은 공포감이 있었다. 그러나 지금의 우물은 그런 것은 온데간데없고 그냥 물이라는 자체뿐이었다.

또 다른 추억의 우물은 '오 형제 우물'이다. 우물이 중간중간 다섯 개가 있어서 그렇게 불렀다. 그때는 정말 한 집에 형제들이 대여섯 명씩 되었다. 그리고 한 가구에 노부모도 모시고 살아서 대략 열 명씩 살았다. 그러니 동네 사람들이 모두 먹으려면 우물 하나로는 부족해서 오 형제처럼 우물을 파지 않았을까 하는 생각이다. 오 형제 우물 중간쯤에 친구네 집이 있어서 가끔 놀러 갔었다. 이 부근에 있는 우물은 비가 오거나 자주 쓰지 않을 때에는 뚜껑을 닫아두었다. 그래서 물이 필요할 땐 뚜껑을 열고 물을 길어가곤 했다.

그렇지만 지금은 아스팔트로 포장되어 그 흔적조차 찾을 수 없다. 가끔 이곳에 오를 기회가 있으면 옛날을 회상하며 아카시아 꽃향기와 그 우물 위를 맴돌던 친구의 언니가 부르던 노랫소리가 마음속에 맴돌고 있을 뿐이다. 친구 언니의 참 잘 부르던 노래 소리가 맴돌고 맴돈다.

다른 우물은 지금의 롯데캐슬 아파트 자리에 있던 '궁 안의 우물'이다. 이

'궁안' 이라는 마을은 궁에 있던 나인들이 살아서 그렇게 명칭이 붙여졌다고 한다. 마을로 들어가는 입구에는 솟을대문이 있었다. 기와집과 일본식 집과 대충 지은 양옥집이 섞여 있는 그런 동네였다. 마을 한가운데쯤 우물이 있었다.

이 우물은 겨울에는 미지근하고 여름에는 시원한 물이 흘러나왔다. 바닥이 모래로 되어있었는데 물이 솟아오르는 모양이 퐁퐁퐁 작은 물거품을 일으키고 있었다. 아침나절에는 거의 한산하고 아이들이 학교에서 파하고 돌아온 이후부터 북적이기 시작했다. 푸성귀를 씻는다던가 쌀을 씻기도 하고 학교에서 집으로 돌아온 아이는 엄마를 찾아왔다가 우물 끝자락에서 간단한 세수를 하기도 하였다.

동네 소녀들이 소꿉놀이를 할 때면, 이곳에서 물을 떠 가기도 하고 배추 조각이나 사금파리를 씻기도 했다. 그리고 이곳에 있으면 동네에서 일어난 세세한 일도 거의 다 알 수 있는 곳이기도 했다.

나는 이 우물가에 있는 이웃집 담장에 올린 박꽃을 좋아했다. 초저녁에 박꽃이 피는가 싶으면 며칠 있으면 박이 열리고 하루가 다르게 커가는 것을 지켜보는 것을 좋아했다.

그날도 박이 열린 것을 보려고 지나가다가 아무도 없는 우물 곁을 지나가게 되었다. 고요가 흐르는 우물가 하늘에 있는 달이 우물 속 물 위에 탐스럽게 잠겨있었다. 박은 물속에서 무연하게 익어가고 있었다.

지금은 그 위로 아파트가 세워져 있지만 내가 힘들 때면 그 우물 속 달빛이 나를 찾아와 내 등과 가슴을 어루만져 주는 느낌이 든다.

'우물의 물길은 흘러 흘러 바다로 향한다고 한다. 바다는 지구의 어디라도 서로 통한다. 그래서 시작의 근원은 우물이다'

비록 지금은 내 기억 속의 우물이 모두 메워지고 보이지 않지만 내 마음속 우물은 아직도 맑은 물을 펑펑 쏟아내고 있다.

우리 동네 고수

우리 동네에는 고수들이 있다.

한 동네에서 한 업종으로 삼십여 년 이상 꾸려나간다면 나는 이를 고수라고 생각한다. 예전에는 별다르다 생각하지 않았는데 요즘은 참 대단하다는 생각이 든다.

우선 '동진 한의원' 이다. 지금 2대째 운영하고 있고 아버지는 명

예 원장님으로 진료를 보고 있다. 이 한의원은 개원한 지 거의 60여 년이 넘었다. 동진(東辰)이란 상호는 작명가에게 부탁해서 지은 이름이라고 한다. 동네 아픈 사람들을 치료하여 완치되었을 때 보람을 느낀다고 한다.

사실 이곳은 내가 어릴 때도 가끔 갔었다. 발목을 삐어 침을 맞는다든지 감기가 잘 낫지 않아 한약을 다섯 첩 정도 지어다 먹으면 감기가 깨끗이 나았다.

결혼 이후에는 더 많이 간 것 같다. 큰 아이가 두 돌을 넘긴 이후부터 시부모님께서는 용을 지어 주신다고 일 년에 한 번은 꼭 '용탕'을 지으러 갔다. 아들을 무릎에 앉히고 진맥을 잡기 위해 팔을 내밀면 고사리 같은 손을 펴 보시며 약을 지으셨다. 집에 돌아와 약탕기에 넣고 연탄불 위에 끓이면 약 끓는 냄새가 향기롭게 집안을 맴돌았다. 또 가끔은 아이가 놀랐다고 침을 맞으러 가기도 했다. 침 맞으러 간 아이는 다른 사람들 침 맞는 광경이 신기해 구경하다가 정작 손가락에 침을 맞고는 엉엉 울음을 터트렸다.

그리고 나도 병원에 가고 양약을 먹고도 잘 낫지 않는 것은 한약을 먹고 치료가 잘되기도 했다. 깊은 산 속이나 들에서 자란 약초가 잘 마르고, 내게로 와 약탕기 속에서 잘 우러나 산의 정기를 나에게 주는 것이 아닌가 생각한다.

요즘도 가끔 도심 생활에 찌들은 나를 이만치 떨어트려 놓는다. 약을 달이며 그

향내에 젖어 숲 속에 있는 외톨이처럼 내 자신 속에 침잠해 보는 날을 갖기도 한다.

또 한 집은 '플라스틱 그릇' 을 파는 가게이다. 이 가게는 그냥 노점에서 판다. 그래도 30여 년 넘었다. 안 보는 것 같아도 광장시장이나 종합시장 쪽을 가고 오며 주인아저씨를 유심히 본다. 비가 오거나 눈이 와도 묵묵히 열심히 팔고 있다.

내가 인터뷰를 요청할 때 선선히 응해 주셨다. 가게를 하는 것은 목숨 줄이 달려있기 때문이라고 했다. 가족을 사랑하기 때문이라고 했다. 가족들 고생을 안 시켜야 한다는 생각 때문에 정열을 쏟아서 장사를 한단다. 그래서 다른 일은 할 수가 없었다고 한다. 모든 걸 포기하고 싫던 좋던 이곳에서 장사를 열심히 한단다. 장사의 비결이라면 싸게 주고 한두 개라도 취향에 맞게 골라주는 것이라고 한다. 욕심을 내지 않는다고 한다. 쉬는 날은 일 년 중 딱 두 번, 설날과 추석날만 쉰다고 한다. 노년에는 즐거운 시간을 보내고 싶다는 희망 사항을 살짝 귀띔해 주신다. 자기는 정말 이 일에 긍지를 느낀다고 했다. 사실 우리 집에도 그분이 파는 그릇들이 나와 함께 생활하고 있다는 사실도 중요하다.

또 '양복점' 이 있다. 이곳은 3대를 이어온 가게이다. 기술자 선택제를 하여 직원이 경력 43년 된 사람이 13명, 26년 된 사람이 3명이 일을 하고 있다고 한다. 이 가게 앞을 지나가면 커다란 진열장 앞으로 제단사가 옷 모양을 그리고 있는 모습을 볼 수 있다.

예전에는 거의 양복은 양복점에서 맞추어 입었다. 그런데 언제인가부터 양복을 사 입기 시작했다. 그래서 동네 주변이나 유명한 상가에도 양복점이 사라져 갔다.

그런데 우리 동네에 이런 양복점이 있다니 괜스레 나의 어깨도 으쓱해진다.

가장 기억에 남는 고객은 전신마비에 걸린 고객이 딸 결혼식에 입을 양복을 맞추러 온 일이라 했다. 어쩌면 내 생의 마지막 결혼식 참석이 될지 모른다고 하며 숨이 차오르는 것도 참고 치수를 재던 고객이라고 했다.

요즘도 나는 오가며 이 옷들을 보고 있다.

또 다른 집은 '영' 미용실이다. 햇수로는 30여 년이 훨씬 넘는다고 한다. 왜 '영' 이라는 상호를 지었느냐고 물었더니 본인이 20대여서 젊다는 뜻으로 이것을 선택했다고 한다. 또 젊은 고객이 많이 왔었다고 한다. 그러나 지금은 중년 고객이 많다고 한다. 웃으며 "내가 중년이 되었으니 그것은 당연하다"고 한다. 나도 사실은 이 집의 고객이다. 한 십여 년 되었다. 그전에는 집에서 더 가까운 곳으로 갔는데 갑자기 이사를 하는 바람에 이곳에 오게 되었다.

그런데 한 가지 불편한 점은 시간이 오래 걸린다는 것이다. 머리도 꼼꼼하게 해주어서 그렇지만 기다리는 시간이 더 오래 걸린다. 양평이나 강원도에서 오는 고객 때문이다. 우리는 기다리는 동안 커피를 마시거나 감자 고구마 찐 것도 나누어 먹는다. 그동안 살아온 이야기를 들으며 웃기도 하고 울기도 한다. 손님들끼리 가끔 만나면 반갑다.

나는 이 미장원에 올 때마다 생각하는 것이 있다. 다른 곳은 불경기라 문 닫는 곳도 많은데 '이곳은 왜 이렇게 사람이 많이 올까' 하는 생각이다. 그걸 요즘 알게 되었다. 주인아주머니는 말을 잘 들어 주는 것이다. 그리고 한 번씩 추임새처럼 '맞아요' 라 든지 '그렇지요' 라는 말밖에 하지 않는 것이다. 우리는 밖에서 누구를 만나면 자기의 말을 더 많이 하는 것을 좋아하는 것 같다. '경청' 하기란 참 어려운 일인데 좋은 귀를 가진 것 같다.

그리고 제일 핵심은 값이 싸다는 것이다. 그래서 '착한가게' 로 등록도 되었다. '건강이 허락하는 한 운동 삼아 일하는 것' 이 희망

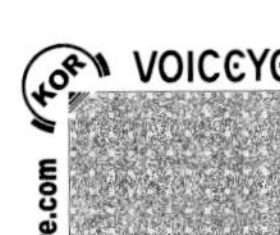

사항이라고 했다.

이제는 '야채가게' 아주머니다. 가게 상호도 없고 동네 작은 시장에서 가게를 한지 30여 년이 넘었으니 이 아주머니도 고수이다. 늘 웃으시고 머리는 한국 아주머니의 전통적인 파마를 하고 있다.

내가 새댁 때도 하고 있었으니 참 오래되었다. 푸성귀를 잘 손질해서 그것을 사다가 군손이 가지 않고 곧장 반찬을 만들 수 있다. 시간도 절약되고 쓰레기도 줄이니 그곳이 좀 멀어도 꼭 가게 된다. 그러면 아주머니는 여러 가게를 다 지나쳐 여기까지 왔다고 덤을 준다. 이제는 두 사람만 먹어 남는다고 손사래를 쳐도 그냥 넣어 준다.

오이지를 좋아하니 오이지가 떨어지면 늘 이 가게에 간다. 이곳에서는 손수 담아서 팔기 때문에 집에서 담은 것과 똑같은 맛이 난다. 그리고 이제는 아주머니와 내가 함께 늙어가서 좋다. 앞머리에 희끗희끗 새치도 생기고 이마에 주름도 생기고 피부에 거무스름한 기미도 조금, 조금은 비슷하게 생겼다. 우리는 서로 그 말을 하지 않아도 한동네서 오래 살며 동병상련을 느끼고 있다.

서로 건강하게 아프지 않고 별 탈 없이 잘 늙어 갔으면 좋겠다.

흥인지문

'동대문' 은 나와 참 긴 인연을 가지고 있다.

한 다섯 살 이후부터 보았으니 거의 60여 년 되었다. 거의 매일 이곳을 지나다니며 내 삶의 하루하루가 이어졌다. 그래서 '흥인지문' 이 늘 그곳에 있었기에 일부러 쳐다보거나 하지 않았다. 늘 그 자리에 있었다. 이 부근을 지나다니며 성장했고 웃기도 하고 울기도 하며 삶의 애환을 보냈다.

이제는 이순을 넘기고 이 길을 걸어가다가 흥인지문 앞을 지날 때면 문득 멈추어 서서 한참 바라볼 때가 있다. 거기에 비하면 나의 모습이 많이 변했다는 것을 느낀다. 앞만 바라보는 생활을 하기에 바빴다. 그런데 요즘은 흥인지문 부근 찻집에 앉아 옛날을 회상하는 날이 많아졌다.

내가 초등학교 2학년 때쯤이라고 생각한다. 4 · 19가 일어났다고 주위의 어른들은 수근댔다. 행길가 골목 어귀에서 조심스레 밖을 내다보니 탱크가 지나가고 군인들이 지나갔다. 무서움에 줄달음쳐 집으로 돌아온 기억이 있다. 또 월남전에 파월장병 아저씨들의 환영식을 하느라 태극기를 들고 대열에 섰던 기억도 난다.

그리고 이 앞에서 우리나라 마지막 황후의 장례식도 보았다. 수많은 사람 인산인해를 뚫고 바라보던 기억이 생생하다. 장례식의 뒤를 따르던 만장의 나부낌은 아직도 잊지 못한다.

이 앞이 전차 정거장이기도 했다. 매달 회수권을 사서 학교에 통학했다. 같이 학교에 다니던 동네 친구는 지금 어디에서 어떻게 사는지 궁금하다.

늘 붙어 다니다가 내가 눈다래끼가 나니 친구도 눈다래끼가 나서 둘이 똑같이 안대를 하고 전차에 나란히 앉아 있으니 사람들이 웃던 모습도 생각난다. 그러다가 전차가 없어지며 고속버스 터미널이 생겨서 이곳에서 버스를 타고 여행을 다녀오기도 했다. 또 시간이 흘러 다시 종합시장이 생겼다. 원단을 팔기도 하고 혼수 이불을 팔고 도자기 세트도 팔았다.

시간이 더 흘러 지금의 호텔 자리가 되었다. 내가 이렇게 한곳에 오래 살지도 몰랐고 주위의 건물들이 사라질지도 몰라서 사진 한 장 찍어 놓지 못했다. 그것이 못내 아쉽다.

예전에 〈이화여자대학병원〉이 있던 자리에 지금은 공원이 생겼다. 그리고 디자인 박물관도 생겼다. 우리 가족들은 몸이 아프면 그 병원에 다녔고 아이들을 임신했을 때 정기검진을 다니며 심장 박동 소리도 듣고 경이로움에 아름다운 엄마가 되어야겠다는 생각도 했다. 부모님들이 병환이 나셔서 입원을 해, 병간호를 할 때는 수척해진 모습을 바라보며 눈시울이 붉어진 때도 있었다.

병원에서 겪은 여러 가지 상념들이 주마등처럼 지나가며 내 마음에는 서늘한 바람이 들어앉는다. 내가 이 동네에 살며 이곳을 지날

때마다 이런 현상을 겪게 된다.

그리고 그 옆에는 〈동대문 교회〉가 있던 자리다. 교회에 가면 빵과 연필과 공책을 주었다. 이것을 받는 재미로 일요일마다 갔다. 하지만 지금 생각해 보니 빵보다는 성가대에서 불러주는 찬송가 소리에 매료되어 갔던 것 같다. 초등학교 때까지 다니다가 흐지부지 가지 않았지만 주일학교 선생님께서 말씀해주신 계율은 내 자아의 저 밑바닥에 자리 잡은 것 같다. 어떤 흔들림의 순간마다 나를 잡아주는 기둥이 된다.

내가 나를 생각해도 나는 집시적인 기질이 내재하여 있는 것 같다. 바람과 비, 찬란한 햇빛, 구름, 샹송, 재즈 음률, 기다란 머리카락, 혼신을 다해 치는 기타 소리, 기차 차창에 얼비치는 밖의 풍경 등, 이러한 것들은 지금껏 나를 예속하는 것들로부터 벗어나 그 어딘가 무한대로 가고 싶어지는 것을 보면….

왜 이렇게 나이를 먹어가도 보헤미안적인 낌새와 바람의 흔들림은 멈추어지지 않는 것일까? 아무래도 인간의 원초적인 나약함을 강하게 해주는 것은 종교의 힘이 도움이 된다고 생각한다. 없는 것보다 있는 것이 나을 것 같다.

나는 나 자신에게 고마움을 느낀다. 지금 이 나이가 되도록 보이지 않는 함정과 허방다리의 달콤한 유혹에 깊이 빠지지 않고, 아직도 동대문 부근을 배회하며 옛날을 회상하고 커피라도 한 잔 마실 수 있는 여유로움을 감사하게 생각한다.

그래도 내가 살고 있는 동네에 역사를 지켜보았던 흥인지문 곁 동대문에 살며 사는 날까지 평화스럽고 건강하게 보내는 것이 희망이다.

집게벌레

아침밥을 하려고 거실로 나왔다.

창밖은 아직도 동이 트지 않았다. 마치 냉동실에 갇혀 있는 것 마냥 밖의 날씨는 맹추위다. 발에 한기가 느껴져 양말을 신으려고 집어 드니 작은 집게벌레가 기어 나온다. 갈색빛 양말은 어제 신다가 놓아둔 것이다. 하루쯤 더 신어도 될 것 같아 그냥 놓아뒀는데 벌레가 나왔다. 푹신푹신한 수면양말을 벌레도 좋은 듯 저녁에 잠자리로 여기고 잠을 자고 있었나 보다.

나는 벌레를 싫어한다. 갑자기 내 옆에 커다란 바퀴벌레가 나오면 비명이 나온다. 크기로 따지면 내 몸의 손가락 반 마디밖에 안 되겠지만 나는 벌벌 떨며 무서워한다. 그런데 웬일인지 이 집게벌레도 검정색에 비슷한데 그리 공포감이 들지 않았다. 크기가 태어난 지 얼마 되지 않은 새끼벌레라서 그런 것 같다. 벌레는 부지런히 기어서 사선으로 가고 있다. 그리고 컴퓨터 책상 구석 어디로 숨어 버렸다.

아마도 바퀴벌레였다면 끝까지 쫓아가 살충제를 뿌렸을지도 모른다. 이 작은 벌레는 아직도 잠이 덜 깬 어린애마냥 뒤뚱뒤뚱 기어서 다시 잠을 청하러 가는 것처럼 보여 그냥 놔두기로 하였다.

쌀을 씻고 된장국도 끓이고 또 같은 일들이 반복되어지는 하루, 아침이 시작되고 있는 것이다. 그렇지만 무엇인가 어제와는 조금 다른 것이 있다. 나는 호박과 감자를 썰며 어제의 시간들과 함께 국물에 넣었다. 물방울을 일으키며 부글부글 끓어 오르는 곳에 나의 하루도 섞여 더 치열하게 끓는다.

참, 이제 조금 늦게 말하지만 나는 그 양말을 신지 않았다. 벌레

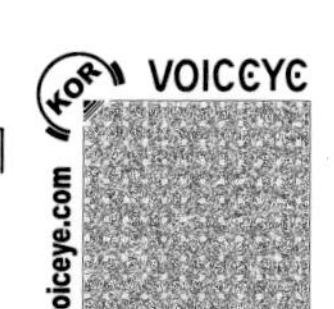

가 머물고 있었던 것이 마음에 걸려 그냥 놓아두었다. 아침 식사가 끝난 후 거실 바닥을 청소하고 걸레질을 하고서 욕실에 있는 빨래들과 함께 세탁기에 넣어 빨 예정이다. 나는 그 옆에 놓아둔 분홍색 양말을 신었다.

이윽고 아침 준비가 다 되어 남편과 나는 식탁에 앉아 밥을 먹는다. 이제 이 집에는 두 식구만 밥을 먹는다. 조용히 국을 뜨고 놓여진 반찬을 젓가락으로 집으며 할 말이 거의 없다. 말을 하지 않아도 아마 상대방의 속내와 오늘의 일정, 어떤 것에 대해 불평이 있는지를 가늠한다. 부부가 오래 살면 눈빛만 봐도 무엇을 뜻하는지 안다고 했는데 정말 그런 것 같다. 은은한 아침 햇살로 가득 찬 이곳에 침묵이 흐른다. 그 침묵의 빛깔은 어쩜 외로움과 고독이라는 실뭉치로 짜놓은 큰 숄 같아 무슨 색이라고 딱히 말하기 어렵다.

나는 남편에게 '오늘 일정은 어떻게 되느냐' 고 묻는다. 별말이 없다. 아마도 산에 갈 것이다. 나의 옆지기는 등산을 좋아한다. 걷는 것을 좋아하고 어디로든 향해 걸어가는 것을 좋아한다. 그렇지만 나는 별로 걷는 것을 좋아하지 않는다. 분위기 좋은 커피숍에 앉아 커피 향을 맡으며 흘러나오는 재즈를 들으며 책을 본 다던가 글 쓰는 것을 좋아한다.

수도꼭지에서 떨어지는 물속에서 설거지를 끝낸 후 커피 한 잔 마신다. 하루 중에 이 시간을 제일 좋아한다. 믹스 커피 봉지를 자르고 뜨거운 물을 붓는다. 이 시간은 아침 햇살의 빛깔이 스러지고 대신 커피 향이 맴을 돈다.

나는 혼자 커피를 마시며 '인생은 어차피 혼자야' 라고 되뇐다. 이제 이렇게 혼자라는 것에도 힘들어하지 않을 정도로 훈련되었다. 혼자 힘들어해도 어차피 혼자이니까….

차라리 혼자라서 외로운, 외로움에 길들여지는 것이 더 나을 것이다. 커피를 다 마시고 진공청소기를 들고 구석진 곳을 훑어내고 나머지 부분은 빗자루로 쓸고 물티슈로 얼룩이나 먼지를 닦는다.

이제 세탁기에 빨래를 돌릴 차례다. 문득 아침의 그 양말이 생각났다. 양말을 깨끗이 빨아야 한다고 생각하며 양말을 집어 든 순간 또 한 번 놀랐다. 조금 전의 그 작은 벌레가 다시 들어왔다가 책상 모서리에 떨어져 컴퓨터 밑으로 또 기어가고 있다. 이 작은 집게벌레는 내 양말이 무척 마음에 들었나 보다. 어찌 보면 어린 것이 내 손주가 잠자리에 쫓겨 갈 곳 몰라 허둥지둥 가는 것처럼 보이기도 했다. 그리고 보니 이 집에 지금 나 혼자 남겨졌다고 생각했는데 혼자가 아니었다. 아주 작고 까만 집게벌레와 같이 있었던 것이다.

칡꽃차

사돈이 칡꽃차를 보내오셨다. 연한 보라색과 갈색이 섞인 꽃잎 말린 것이 지퍼백에 담겨 바스락거린다. 나는 궁금해서 지퍼를 열고 향기를 맡아본다. 꽃향기가 가슴 깊이 스며든다. 내가 차를 즐겨 마시는 것을 알고 일부러 꽃잎을 따서 찌고 말려서 보내셨다. 색이 참 곱다. 녹차 잔에 따듯한 물을 넣고 찻잎을 우리며 사돈어른에게 감사의 인사로 두 손을 모아 본다.

부엌에 있는 찬장 중에 한 칸은 모두 차가 차지하고 있다. 차를 좋아하는 나를 아는 지인들이 여행 중에 생긴 것들을 보내준 것들이 대부분이다. 우롱차, 홍차, 자스민차 등 이름도 모르는 차들도 많이 있다. 이 중에 나는 자스민차를 제일 좋아한다. 글을 쓸 때 글문이 막히고 영감이 잘 안 떠오르면 투박한 찻잔에 넣고 기다리는 동안 내 가슴 속에서는 한 떨기 꽃이 피어오른다.

오늘은 칡꽃 차를 택했다. 칡꽃은 칠월 중순에 피기 시작하여 한 일주일 정도 그 자태를 뽐내다가 순식간에 바람에 날린다고 한다. 그래서 그사이에 받지 않으면 칡꽃차를 만들 수 없다고 한다. 며느리에게서 이 말을 전해 듣고 그 꽃을 따기 위해 꽃 앞에 서 계시는 사돈이 소녀 같다는 상상을 한다. 갈래머리를 땋고 바람에 흔들리는 오간주 치마를 입고 대나무 소쿠리를 받치고 있는 소녀를 그려본다.

나도 그곳에서 칡꽃을 따보고 싶다. 내가 피리를 불 줄 안다면 꽃이 흩날리는 그 아래서 피리를 불어보고 싶다.

봄이 되면 학교 앞에 칡뿌리 장사가 왔었다. 나무등걸 같은 것을

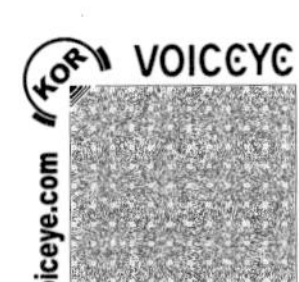

잘게 잘라 우리에게 팔았다. 집에 돌아가는 길에 입안에 넣으면 쌉싸래하고 약간 달콤한 즙을 우려먹었다. 어머니의 외출에 빈집이 되었지만 그 공허함과 외로움도 달래주었던 기억이 있다. 그렇지만 커가면서는 칡뿌리를 먹지 못했다. 지금 생각해 보면 학교 앞 군것질치고는 건강에 많은 도움을 주는 것이었다.

이 칡꽃차를 마시며 초등학교 문앞에서 서성이는 눈 맑은 아이가 되어 본다.

홍당무 할아버지

나는 3층에 사는 관계로, 심심하거나 한가로울 때면 커다란 유리창으로 밖을 내다보는 것이 습관화되어 있다. 더운 여름이면 여름대로, 추운 겨울이면 겨울대로 지나가는 행인의 모습이 각양각색 흥미롭다.

요즘 창밖을 내다보며 유심히 관찰하게 된 할아버지 한 분이 생

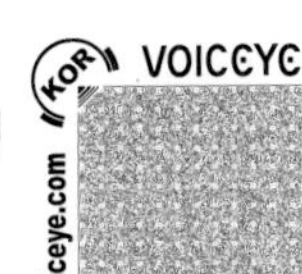

겼다. 리어카에 당근을 한가득 싣고 와 하루종일 파는 할아버지다. 한여름 땡볕이 내리쪼이는 때는 그늘에 피해있으면 좋으련만 아랑곳없이 땀을 흘리며 팔고 있다. 몇 사람이나 사갈까 하고 아무리 지켜봐도 사가는 이가 손으로 꼽을 정도다. 나는 리어카에 실린 당근이 전부 얼마며 다 팔면 얼만큼의 이익이 있을까 생각해 본다. 어쩌면 전부의 액수가 돈 많은 사람이 생각할 때는 하찮은 가격이 될지도 모른다는 생각도 든다.

겨울에 무심히 창밖을 보면 양지바른 곳에 리어카를 세워두고 할아버지가 앉아계신다. 눈으로 보기에는 따사로워 보였지만 막상 밖으로 나가면 얼마나 추울까 생각이 든다. 나는 부디 지나가는 행인이 당근을 많이 많이 사가길 은근히 기대해 본다.

내가 가끔 할아버지께 당근을 사면 앞집에 사는 애기엄마라며 덤을 주신다. 아무리 사양해도 더 주시는 것을 할 수 없이 그냥 들고 온다. 이렇게 날씨가 추울 때면 나는 걱정이 되어 홍당무 할아버지를 본다. 그리고 내가 얼마나 행복한 사람인가를 절감한다. 따뜻한 방 안에서 추위를 피하고 지낼 수 있다는 것도 축복 중의 하나다.

그런데도 할아버지에게서는 추워하는 기색 같은 것은 찾아볼 수가 없다. 그리고 누구를 원망하는 듯한 표정도 전혀 찾을 수가 없다. 오히려 내일을 기꺼이 받아들여 감수하는 듯한 자세가 청정한 소나무를 대하는 듯하다.

그럴 때마다 나는 나 자신이 쓸데없는 허욕과 망상과 번민에 사로잡혀 있었음을 반성해 본다.

홍당무 할아버지는 전혀 모르시겠지만 무언중에 나의 스승이 되셨다. 나는 홍당무 할아버지를 뵐 적마다 겸허와 감사, 인내를 열심히 배우리라.

국화빵 아저씨

내가 다닌 초등학교 이름은 창신초등학교이다. 그런데 지금은 동네 이름을 바꾸는 기간이라서 언젠가는 이 이름도 바뀔지 모른다는 생각을 해본다.

학교가 끝나고 집에 갈 때쯤 배가 출출해진다. 무엇인가 먹고 싶은 충동에 호주머니를 뒤지면 다행히 동전 몇 개가 나오기도 한다. 횡재한 기분으로 무엇을 사 먹을까 궁리를 하며 교문을 나선다. 학교 앞 문방구에는 먹을거리가 즐비하다. 달고나 쫀드기 번데기 눈깔사탕 등등. 그렇지만 조금 더 내려가서 머리에 쪽을 찌고 좌판을 벌여놓고 멍게 해삼을 파는 할머니께 간다. 내가 고른 해삼과 멍게 내장을 빼내고 접시에 담아 초고추장을 얹어 준다. 옷핀을 늘려서 그 끝으로 찍어 입안에 넣으면 새콤달콤한 맛이 오감을 자극한다.

그리고 당고개를 넘어 집으로 가는 사거리에 국화빵 아저씨가 굽고 있는 국화빵을 보며 침을 삼킨다. 하나씩 굽고 있는 것을 구경하고 있노라면 마치 그 국화빵이 꿀단지처럼 보인다. 그 아저씨는 나를 잘 안다고 생각한다. 거의 매일 그곳을 지나며 한 번씩 들여다보고 가는 계집아이를 모를 리 없다. 그래도 한 번도 아는 척을 하지 않는다. 검은 눈썹에 턱수염을 기른 아저씨는 반짝이는 눈으로 나를 힐끔 볼 뿐 별 기색이 없다. 한 개 한 개 피어나는 국화빵이 모아질 때면 사람들이 한 봉지씩 사간다. 봉투에 담겨진 빵을 보다가 사라져 가는 그 빵을 가지고 가는 사람들의 뒷모습을 바라보며 상실감을 느낀다. 이윽고 나는 그곳에 있는 것을 포기하고 집으로 돌아간다.

저녁을 먹고 숙제도 하고 어둠이 짙어지면 일찍 잠자리에 든다. 그때만 해도 호야등불 아래서 석유를 넣고 심지를 돋우어 불을 켰

기 때문에 웬만하면 일찍 잠자리에 들었다. 저녁에는 글씨가 잘 안 보이는 탓이다. 깊은 밤 갑자기 빗방울이 떨어지기 시작한다. 깊은 잠이 들었던 나는 빗소리에 잠이 깬다. 우리 집은 루핑으로 지붕을 만들어서 유난히 빗소리가 크게 들렸다. 이럴 때면 공상에 사로잡힌다. 학교 가는 길가에 있는 양옥집에서 살아본다. 옆 짝꿍이 가지고 있는 아이보리 색 털이 달린 머리띠를 해본다. 꽃향기가 나는 풍선껌을 실컷 불어본다. 우리 반 잘생긴 반장의 집은 어디일까 하는 생각들이 줄지어 떠올랐다. 이 중에서 늘 결론에 도달하는 생각은 국화빵을 좀 실컷 먹어보고야 말겠다는 생각이다. 그리고 깊은 잠에 다시 빠져들곤 한다.

다음 날 아침, 밤새 내린 빗줄기 흙 바닥 여기저기 비가 남기고 간 작은 고랑이 나 있다. 습기에 촉촉이 젖은 땅을 밟고 학교에 가는 길은 상쾌하다. 그리고 집으로 돌아오는 길에는 해가 중천에 떠올라 교문을 나서는 순간 눈이 부시다. 우리는 학생 수가 많아 오전 오후반으로 나뉘어 수업을 한다. 오전반인 경우에는 눈 부신 햇살을 받으며 집으로 돌아온다.

또 국화빵 아저씨 앞을 서성거렸다. 그런데 웬일인지 나에게 살 익은 국화빵을 한 개 건네주셨다. 엉겁결에 받아들고 집으로 돌아와 맛나게 먹던 맛은 잊지 못한다.

가을날 국화꽃을 말려 국화차를 마실 때마다 도자기로 만든 찻잔 속에서 한두 잎 피어오르는 국화꽃을 보며 국화빵 아저씨의 미소가 떠오른다.

이 세상을 살면서 내가 가진 것 조금 나누려 해도 그리 쉬운 일은 아니다. 그렇지만 그 국화빵 아저씨가 나에게 건네준 그 빵 한 개로 해서 나눔의 미학을 조금 배울 수 있었다. 요즘은 붕어빵도 있고 잉어빵도 있고 해서 가끔 사 먹어보지만 그때의 국화빵만 하지 않다.

가을에 국화꽃은 우리에게 눈을 즐겁게 하고 코도 즐겁게 해주고 벌에게 꿀도 주지만, 이렇게 햇볕에 잘 말라 삶의 고단함을 달래주는 찻잔 속 찻잎이 되어준다. 국화빵 굽던 아저씨의 미소도 내 마음에 잘 간직되어, 이렇게 향기로운 찻잎처럼 내 마음속에서 가끔 피어오른다.

커피와 물방울

나는 커피를 좋아한다.

여행지에서나 깊은 산골에서 커피를 마실 수 없는 상황이 되면 힘들어한다. 내가 언제 이렇게 커피를 좋아하게 되었는지 가만히 생각해 본다.

불혹의 나이가 되었을 무렵이었다. 아이들도 학교에서 늦게 오고 텅 빈 집에 혼자 남아 창문 밖을 내다보거나 음악을 듣다가 커피를 한 잔씩 타서 마시고는 했다. 그러면 그 커피향이 온 방 안을 휘돌고 남아 내 가슴을 타고 흘러 혼자 있다는 사실을 조금은 망각하게 해 주었다.

커피 양이 내가 한 살씩 더 먹을 때마다 늘었다. 될수록 세 잔 이상으로 늘리지 않으려고 자제하지만 다섯 잔도 충분히 마실 수 있다.

내가 처음으로 커피를 마시게 된 것은 열네 살 무렵이었다. 그땐 월남전쟁이 한창이었다. 외삼촌이 백마부대 파병으로 월남에 갔다 휴가를 나오면 껌과 비누 그리고 커피 봉지를 주고 갔다. 이 봉지는 보기만 해도 군침이 돌고 커피향이 솔솔 나며 신경세포를 자극했다. 우리는 그때까지 커피잔이나 스푼 같은 것은 없었다. 손님이 오면 냉수 한 사발이 전부인 시절이었다. 마침 수정과나 식혜가 있으면 그것으로 대접하고 여유 있을 땐 과일을 조금 깎기도 했다.

이모가 우리에게 커피를 타준다며 모두 불러 모았다. 그리고 둥근 밥상에 앉히고 국대접을 한 개씩 주었다. 연탄불 위에 커다란 양은 주전자를 올려놓고 물을 펄펄 끓였다. 뚜껑을 덜컥덜컥 흔들며 수증기를 내뿜는 주전자 뚜껑 소리를 들으며 국 대접을 꼭 움켜잡았다.

경이롭고 근사한 일들이 조금 있으면 일어날 것 같은 예감에 사로잡혔다. 이윽고 이모는 그 주전자에 커피 가루를 넣고 검은 설탕도 넣어 국자로 잘 저은 뒤 우리에게 반 대접씩 따라주었다. 진한 커피 향기와 달콤한 설탕의 맛이 혀끝에서 살살 녹았다. 그 이후로도 가끔 우리에게 이렇게 커피를 타 주었다.

나는 성장을 하며 무엇을 선택해야 할 때면 커피를 마셨다. 입시 발표 전날이나 취업 시험을 치른 후 발표를 기다릴 때면 꼭 커피를 마셨다. 이렇게 커피를 마시며 삶의 한고비 한고비를 넘는가 싶더니 중년의 나이가 되었다.

아주 먼 훗날의 일이라고 생각했다. 그런데 내가 반기지 않는데도 중년이라는 열차는 나를 태우고 달리며 이제는 이순이라는 역을 향해 쏜살같이 달린다. 차창을 내다보며 흠칫 놀라기도 하고 뒤로 물러서는 풍경들을 본다. 어느 땐 가슴이 저려 몰래 손수건을 적시기도 한다. 이렇게 나이 듦을 홀로 서러워할 때 외삼촌이 생각난다.

삼촌은 항상 방에서 혼자 지냈다. 음악을 듣기도 하고 책을 보기도 하셨다. 어쩌다 나를 보면 빙그레 웃곤 하셨다. 내가 방문을 열 때마다 커피향이 확 풍겨왔다. 투명한 유리 주전자에서 푸륵푸륵 소리를 내며 커피가 방울방울 떨어져 내렸다. 삼촌은 참 별난 세계에 있는 분 같았다. 나는 커피 향이 감돌고 있는 방 안에서 끓고 있는 물방울만 바라보았다.

삼촌의 결혼으로 자주 만나지 못해 그 이후로 커피 끓이는 모습을 못 보았지만, 가끔 커다란 유리창이 있는 카페에서 커피를 마시며 삼촌의 외로움을 조금씩 이해하게 된다.

지금은 커피가 제아무리 좋아도 커피일 뿐, 물이 없으면 제 향기를 다 낼 수 없을 것을 안다.

"우리 집에 와서 꽃구경해. 그리고 차도 한잔 하고…."

"무슨 꽃이 피었는데?"

"응, 무꽃이 피었는데 아주 예뻐."

"무꽃이 뭐야? 장다리꽃이지. 하하"

친구는 깔깔 웃는다.

2부
장다리꽃

장다리꽃

시장에서 장을 보다 무 한 개를 샀다.

계획은 없었는데, 이것저것 고르다 무우들 사이에 좀 작고 못생긴 하나가 머리에 새순을 달고 있기에 집어 들었다. 머리 부분을 좀 넉넉히 잘라 유리컵에 담고 물을 부었다. 그리고 부엌 창틀에 놓았다. 하루가 다르게 잎을 틔우고 줄기가 쑥쑥 올라왔다.

외출해서 돌아오거나 음식을 만들 때도 나는 이 새순을 보며 즐거워한다. 장미꽃처럼 예쁘거나 백합처럼 향기는 없지만 아무 가식 없이 순박한 것이 여간 귀엽지 않다. 진딧물이 달라붙을 염려도 없고 난(蘭)처럼 까다롭지도 않다. 편안한 친구를 만나듯 푸근하다.

사실 요즘 들어 불편한 사람을 만나거나 편치 않은 자리는 점점 가기가 싫다. 그리고 수더분하고 순수한 그런 사람이 좋다. 그리고 그리워진다. 그런데 요즘 그런 사람을 만나기는 쉽지 않다. 왠지 사람들은 상대방이 좀 순하고 착하다 싶으면 어떻게 하든지 자기 이익을 챙기는 도구로 삼으려 한다. 요즈음에 착하다는 말을 들으면 꼭 "너는 바보야"라고 하는 소리로 들린다.

그런데 물만 먹어도 하루가 다르게 잘 자라는 무순은 '바보' 처럼 보이지 않는다. 며칠이 지난 어느 날 꽃봉오리가 맺혔다.

'어떤 색깔의 꽃이 필까.'

이튿날 아침 부엌에 나가 보니 창틈으로 새어 들어오는 햇살에 눈 부신 듯 연보라색 꽃잎이 수줍어하고 있었다.

나는 친구에게 전화를 했다.

"우리 집에 와서 꽃구경해. 그리고 차도 한잔 하고…."

"무슨 꽃이 피었는데?"

"응, 무꽃이 피었는데 아주 예뻐."

"무꽃이 뭐야? 장다리꽃이지. 하하"

친구는 깔깔 웃는다.

아, 아!

도시에서만 살아온 내가 또 바보가 되었구나….

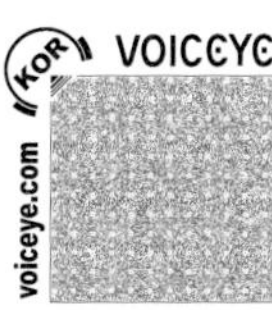
KOR
VOICEYE
voiceye.com

아카시아 꽃과 딱따구리

동대문 전철역에 내려 밖으로 나온다. 흥인지문이 버티고 서 있다.

우측으로 보면 성터로 가는 길이 보인다. 따라 걷다 보면 산책로가 나온다. 산책로에는 벤치도 놓여있고 음악도 나온다. 왼쪽으로는 성벽이 가지런히 담을 두르고 쌓여 있다.

지금은 이렇게 깔끔하게 잘 정돈되어 있다. 하지만 나는 보았고 안다. 피난

민들이 몰려와 옹기종기 대충 지은 집에서 이슬, 거센 비바람, 추위를 이기며 성에 의지하며 살던 곳이다. 판자로 집을 짓고 단칸방 하나에 예닐곱 식구가 살았다. 부엌은 길가에 있고 세수나 설거지도 길가에서 해결해야 했다. 그래서 옆집이 끼니는 있는지 저녁 반찬은 무엇을 해 먹는지 다 안다. 친척은 누가 다녀갔는지 군대 간 아들이 언제 왔다가 귀대하는지 훤히 알고 있었다. 그때는 하루 벌어 하루 사는 사람들이 많아서 연탄 한 장을 새끼줄에 꿰어 들고 올라갔다.

비 오는 날 날 궂이로 빈대떡이라도 부칠라치면, 이남박에 한 가득 밀가루를 풀어야 했다. 호박을 숭숭 썰어 넣고 한 소쿠리 부쳐 동네 사람들 모두와 나누어 먹는 정이 있었다. 봄이면 쑥을 캐어 쑥 개떡을 해 이집 저집 나누기도 했다. 한여름에 봉숭아 꽃이 피면 동네 사람들이 모두 모여 손톱에 물을 들였다. 한날한시에 동네 사람들 손톱이 붉게 물들기도 했다. 그러나 각자 손톱이 자라는 속도가 다르니 '첫눈이 올 때까지 손톱 끝에 봉숭아 물이 남아 있으면 고운 님이 생긴다.'는 속설이 있었다. 나도 어떻게든 봉숭아 물을 남기려고 손톱을 늦게 늦게 깎으며 설레는 마음을 숨기기도 했다.

사실 이곳에는 아카시아 꽃 나무가 많았다. 오월이면, 꽃향기가 온 동네를 휘감고 돌다가 남으면 저 아랫동네 빈 골목에도 향내가 났다. 나무 끝에 흰색 꽃을 주렁주렁 달고 탐스럽게 피면 한 송이 따서 손에 들었다. 코끝으로 향기를 맡으면 부자 동네나 어디 먼 다른 곳에 데려다줄 것만 같은 환상에 젖어들게 했다.

이때쯤이면 딱따구리들도 집을 짓기 위해 나무를 쪼아대는 소리가 동네에 울려 퍼진다. 둥그렇게 파내어진 동그란 홈 속으로 새끼 딱따구리가 주둥이를 내밀고 어미 새의 먹이를 받아먹었다. 아카시아향기에 취해 치맛자락이 바람에 더 휘날린다고 생각했다. 레이스가 달린 원피스 입는 걸 좋아해서 혹시라도 빨면 어서 말려지기를 학수고대했다.

어느 날인가부터는 꽃이 떨어졌다. 바람에 쓸린 꽃들은 자기들끼리 뭉쳐 이곳저곳으로 쓸려다녔다. 바람은 이 꽃들을 살며시 들고 순이네 집 앞이나 철수네 집 앞으로 돌아다녔다. 가만히 귀를 대고 들으면 사르락 사르락 소리를 냈다. 모두 외출한 빈집에서 그 소리를 들으며 마치 섬 집 아기처럼 홀로 잠들었다.

동네 사람들은 이 꽃들을 한 웅큼씩 빈 병에 넣어 집으로 가져다 놓았다. 마치 요즘 방향제 같은 역할을 했다. 방 안 한구석에 놓여진 그 병에서 나는 향내는 정말 첫서리가 내릴 때까지도 은밀하게 향기를 뿜어주었다.

딱따구리 새들도 겨울 집을 짓고 동네에 눈이라도 오면 적막감이 감돌았다.

그런데 어느 날부터 이곳이 개발된다고 하여 사람들도 하나둘 이사를 가고 아카시아꽃과 딱따구리들도 사라졌다. 그 대신 그 자리에 아파트 단지가 생겼다.

아카시아 꽃들이 있던 자리에는 개망초 꽃들이 무더기로 피고 진다.

혜화동에 갈 일이 있어서 이 언덕을 올랐다. 오래된 성벽이 옛 추억을 떠올리게 해준다. 사람들이 살던 동네가 공원길이 될 줄은 몰랐다.

가던 길을 멈추고 성벽에 다가가 손으로 한번 쓸어 본다. 세월의 부대낌 속에 돌도 부드럽게 느껴진다. 이제는 내 얼굴에도 성벽 위에 새겨진 세월의 흔적처럼 주름이 생기고 표정도 굳어만 간다.

하지만 예전에 이 자리에 있던 아카시아꽃처럼 맑고 향기롭게 늙어가야지 생각을 한다.

무지갯빛 똥 무더기

나는 가끔 혜화동에 간다.

집에서 가깝기도 하고 길가의 가로수가 많아서 좋다. 젊은 사람들의 무리에 섞이는 것이 좋아서이다. KFC나 맥도널드에 앉아 커피 한 잔에 햄버거를 먹으며 창밖을 내다보는 것을 좋아한다.

사람들이 걸어가는 모습을 보면 표정이 가지각색이다. 깊은 상념에 젖어 바바리코트를 걸치고 가는 노신사, 배낭을 등에 메고 바쁜 걸음으로 학교에 가는 듯한 청년의 모습도 보인다. 이러한 모습 중에서 마음속에 제일 보기 좋은 것이 있다. 그것은 유치원에 다니는 듯한 어린이와 등에 아기를 업고 헝클어진 머리로 종종 걸어가는 엄마의 뒷모습이다.

한때에는 저렇게 정신없이 살던 때가 있었다. 그런데 어느새 벌써 농사를 다 지어낸 빈 들판처럼 한가로운 일상이 되어 버렸다. 요즘 떠도는 말로 빈 둥지가 되어 텅 빈 그 속에 남편과 나만 있다. 머리털도 다 빠지고 깃털의 윤기도 없는 새처럼 먼 허공을 바라본다. 외로운 그 새와 같다는 느낌이 종종 든다.

요즘은 백세시대라고 한다. 품위 있는 노후를 위해 문화센터에도 가보고 새로운 문물을 배우려고 한다. 하지만 감각이 어둔해져 힘이 더 든다. 이래저래 낀 세대인 나는 팥 시루떡의 팥고물 같다.

혜화동 길을 걸으며 세 덩어리의 똥 무더기를 본 나는 즐거워진다. 예쁜 색 타일을 붙여서 아침 햇살에 반짝반짝 윤이 난다. 한 무더기는 '빨 주 노 초 파 남 보' 무지개색으로 되어있고, 또 한 무더기는 주황색에 남보라색으로 섞어가며 붙이고, 또 다른 무더기는 파스텔톤의 흰색과 노랑 연두를 섞어가며 붙어 있다.

아이들이 지나가다가 이곳에 기어오르고 끌어 앉고 미끄럼을 타고 여간 즐거워하는 것이 아니다. 엄마들도 같이 소리를 지르며 좋아한다. 아이들 웃음소리가 나뭇잎이 바람에 흔들리는 소리와 즐겁게 논다.

나는 한쪽에 비스듬히 서서 이 광경을 바라보며 미소를 짓는다. 하늘을 쳐다본다. 그리고 그들이 떠난 그곳에 살며시 다가가 그 똥 무더기를 쓰다듬어 본다. 옛일이 생각난다. 내가 첫애를 낳고 기저귀를 갈 때다. 아기의 누런 색 황금 변을 보면 즐거워했던 일이 생각난다.

어머니가 되려면 똥 한 말은 먹어야 한다는 이야기가 있다.

나의 삶의 여정 속에서 가장 행복했던 시절은 아기를 낳았을 때다. 품에 안고 모유를 먹이고 기저기를 갈아주며 즐거워 했다. 옹알이를 들으며 아기의 눈망울과 눈이 마주칠 때 참 행복했다.

절벽, 맨드라미

동묘역 전철역에서 창신초등학교 쪽으로 오르다 보면 맞은편에 동망산공원이 보인다. 그 공원 아래쪽에는 절벽이 있다. 그 절벽은 유난히 검은색을 띄고 있다. 예전에도 그 검은 절벽을 바라보노라면 공포감이 몰려와서 한참을 볼 수가 없었다. 그리고 아무것도 해낼 수 없는 듯한 막막함이 조수처럼 몰려왔었다.

그 아래 조금 넓은 평지에 몇 채의 집이 있었다. 그곳에는 먼 친척이 살고 있었다. 남매를 두고 있었는데 루핑지붕 위에 호박 덩굴이 자라고 있었다. 방 안으로 들어가는 문 입구 쪽에는 맨드라미를 심어 놓았다.

어머니의 심부름으로 감자와 미역 줄거리를 한 소쿠리 들고가면 반갑게 맞아 주셨다. 감주와 찐 고구마도 내어 주셨다. 나는 이것들을 받아들고 그 절벽 밑에 무성하게 핀 맨드라미꽃 옆에 쪼그리고 앉아있다.

가끔 만져보면 벨벳 같은 감촉의 붉은 꽃들은 수줍은 듯 이파리에 있는 작은 씨앗들을 내 손안에 떨구어 놓았다. 툭 툭 털고 집으로 돌아와 가만히 손을 보면 까맣고 작은 씨앗이 손가락 틈 사이에 남아 있기도 했다.

맨드라미꽃은 닭 벼슬 같다는 생각이 들었다. 어느 날은 그 기세에 눌려 그냥 바라보기만 했다. 그래도 그 꽃들은 나의 마음에 위안이 되었다.

사실 어머니가 심부름을 시키면 그곳까지 가기 싫었다. 검은 장막처럼 둘러쳐진 그 절벽이 싫었다. 그래도 꾹 참고 가면 맨드라미 꽃들이 씩씩하게 나를 반겨주었다. 여린 풀꽃이라기보다는 병사 같다는 생각이 들었다.

그래서 가난한 신혼살림을 꾸리는 것을 보면서도 용기와 희망을 주는 파수병 같은 느낌이 들었다.

세월이 흘러 나는 다른 곳으로 이사를 하였고 친척도 이사를 했다. 다른 곳에 가더라도 맨드라미가 피어있는 것을 보면 그 절벽이 떠오르고 절벽이 나에게 성큼성큼 다가오는 느낌이 들었다.

그래서 그랬는지, 나는 꽃밭에 맨드라미를 심어 본 적이 없다. 내가 어릴 적에는 아무리 살고 있는 것이 어려워도 작은 꽃밭에 화초를 심고 살았다. 키 큰 해바라기부터 다알리아, 봉숭아, 분꽃, 채송화, 접시꽃, 맨드라미 등을 심었다. 그중 유독 맨드라미는 좋아하지 않았다.

지금은 이 길가에 상가가 줄지어 있지만 중학교 때까지만 해도 이곳에는 작은 개천이 흐르고 있었다. 지금 롯데캐슬 아파트가 지어진 궁안마을을 가거나 동망봉 공원 쪽을 가려면 작은 다리를 건너야만 했다.

나는 그 절벽이 있는 부근을 가끔 간다. 미용실에 간다든지 청국장과 보리밥을 주는 식당이나 가끔 목감기에 걸려 이비인후과에 갈 때도 이곳을 지나간다. 그렇지만 가끔 멀리서 바라본다.

아직도 그 절벽은 시커멓게 자리 잡고 깎아지른 듯이 서 있다.

항상 느끼는 것이지만 오래된 된장 항아리를 열었을 때처럼 그곳은 나에게 콤콤한 느낌을 준다. 외할머니 옆에 갔을 때 귀밑머리 부근에서 나는 체취를 풍기는 것만 같다. 그래서 멀리서 바라보다가 숭인동 사거리 쪽으로 걸어간다. 그곳에는 차들이 질주하고 커다란 간판들이 걸려있다. 사람들은 횡단보도에서 푸른 신호등을 기다리고 있고 군밤 장수와 붕어빵 아저씨도 있다.

어릴 적에 보았던 절벽과 인생길을 살면서 느꼈던 보이지 않는 절벽, 나에게 어떤 영향을 주었을까?

이제는 너무 어려운 일을 감당하기에 벅차다. 시골집 아무것도 모르는 할머니처럼 살고 싶다. 호미를 들고 밭을 매면서, 어쩌다 날아오는 산새들과 들꽃을 보며 살고 싶다.

세미원 연꽃

세미원에 연꽃을 보러 간다.

지하철을 타고 청량리에서 내려 양평행 전철로 갈아탄 후 양수역에서 내린다. 이곳에서 직진하여 걸어가다가 행길 건너 세미원에 가면 많은 연꽃을 만날 수 있다.

올여름은 이상하게도 비가 내리지 않았다. 겨울에도 눈이 잘 오지 않더니 비다운 비가 봄부터 나리지 않은 것 같다. 비를 기다리던 어느 날 오랜만에 하루 종일 비가 와서 외출도 하지 않았다. 집안을 고요하게 한 후 창문을 열고 빗소리를 들었다. 세상과 대지를 적시는 빗소리가 내 맘을 차분하게 하고 갈증을 해갈해 주고 마음속에 웅크리고 있던 외로움에도 물기로 촉촉이 젖어든다.

오죽하면 소양강댐이 말라 바닥이 거의 다 드러날 정도가 되었다. 이제껏 살면서 그런 광경을 처음 본 것 같다. 그런데 어제오늘 일기 예보에서 태풍을 동반한 비 소식이 있다고 한다. 나는 반가움에 연꽃을 보러 가기로 했다. 그곳은 넓은 연못에 있는 연꽃밭이라서 그늘이 없다. 그래서 땡볕이 내리쬐는 날은 무덥고 목마르고 나같이 더위를 타는 사람은 지치기 십상이기 때문이다. 이슬비가 내리거나 하늘에 구름이 많거나 하는 날이 연꽃 향내도 많이 나는 것 같다. 비가 좀 많이 오는 날도 그런 데로 운치가 있다. 연꽃은 7월 중순에 만개했다가 말일쯤 시들어 진다.

얼마 전까지만 해도 칠월에 세 번 정도는 왔다 갔다. 꽃이 피기 전에 한번 활짝 피었을 때 한번, 꽃이 질 때 한 번…, 그런데 요즘은 활짝 필 때만 한번 다녀간다. 나이가 먹으면 한가해질 줄 알았는데 더 번다해지는 것 같다. 그래도 연꽃을 못

보면 그해 여름 아무것도 못한 것 같아 열 일을 제치고 보러 간다.

생각보다 연꽃이 활짝 피어 나를 반긴다. 연분홍 꽃잎을 조심스럽게 열고 수줍게 바람에 하늘거린다. 연꽃 무리 앞에 서서 나는 두 팔을 벌린다. 눈을 감고 그 들을 내 마음속에 전부 수용하듯이 한동안 움직이지도 않는다. 마치 바닷가 파도 앞에 서 있듯, 그 꽃들은 파도가 되어 쏴 하고 출렁이는 소리를 낸다. 내 마음속에서도 한 무리의 꽃들이 화답을 한다. 도심에 살면서 공해와 시기, 질투, 증오, 분노, 회한, 미련, 아쉬움, 좌절 이런 것들이 원하지 않아도 몸 구석구석 어느 곳엔가 자리 잡고 마음대로 피고 진다. 그렇게 핀 꽃은 모양도 일그러지고 독한 향기가 난다. 나에게 있는 못된 꽃들이 연꽃을 만나 혼연히 시들어서 밖으로 밀려 나온다. 세미원에 있는 두물머리 강가에 떠내려가고 있다.

사람은 가까이 있는 사람을 닮기도 한다고 한 것 같다. 나는 이 연꽃밭을 돌며 잠시나마 연꽃을 닮아가고 있다. 진흙 속에서 예쁜 꽃을 피우고 키는 시원하게 쭉 뻗어 있다.

"서로 엉키지도 않고 물속에서 늘 씻기며 있어도 요염하지도 않고 자랑하지도 않는 꽃"

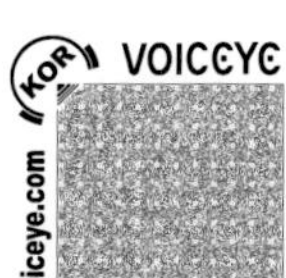

참 신기하기도 하다. 나는 다시 삶의 물결 속으로 돌아가야만 하는 나의 눈과 코를 위해 열심히 연꽃 둘레를 돌고 사진을 찍는다.

어쩌면 내가 이 연꽃을 사랑하여 해마다 들르는 것은 꽃도 꽃이지만 커다란 잎을 보려함인 것 같다. 꽃들이 마음대로 아름다운 자태를 뽐낼 수 있도록 진흙을 그 넓은 잎으로 다 덮어준다. 마치 자식의 허물을 모두 감추어 주고 예쁨만 이웃이나 친척에게 자랑하는 어버이의 마음 같은 역할을 하고 있다. 또한 스승님도 제자의 허물은 모두 말씀하지 않고 잘하는 것만 자랑삼는 것과 같은 것이다.

이 세상을 살면서 허물도 많고 과오도 많다고 생각한다. 한 살 한 살 나이를 먹으며 이러한 것들을 줄여 보려고 노력하지만 뜻대로 잘 되지 않는다. 잠깐의 말실수로 타인에게 마음의 상처를 줄 때도 많다. 그렇다고 나의 이런 허물을 덮어줄 어른들은 모두 떠났다. 그래서 모처럼 칠월 더운 한여름날 꽃도 보고 넉넉하고 인심 좋은 듯한 커다란 연잎을 본다.

돌아오는 길에 연꽃 차도 한 잔 즐긴다. 이 맛에 해마다 이곳을 찾는 것일지도 모른다.

조선창호지와 꽃잎

어느새 여름이 가고 찬 바람이 불기 시작했다.

보일러 온도를 높이지 않으면 한기를 느끼는 늦가을이다. 나는 반쯤 창문을 닫으며 옛일들이 떠오르기 시작했다. 그것은 겨울이 시작되기 전 창과 문을 바르는 일이었다. 내가 어릴 적에는 한옥에서 오래 살았다. 한옥들은 창문과 방문이 많았다. 엄동설한에 춥지 않게 겨울을 나려면 바람막이를 잘

해야 했다.

보통 토요일이나 공휴일 날 문들을 모두 떼어 내고 물을 뿌려 불려 놓는다. 누렇게 퇴색한 창호지들은 구멍이 날 때마다 덧바르기를 반복해서 누더기가 되어있다. 이튿날 아침 일어나 보면 창호지가 잘 불어서 끝을 잡고 당기면 훌훌 잘 떨어진다. 그리고도 남겨진 것들은 연장을 써서 긁어내고 솔로 창틈을 닦아낸다. 살면서 쌓인 때의 더께가 같이 떨어져 나간 듯 시원함을 느낀다. 아니면 목욕탕에 가서 때를 밀고 난 후의 후련함 같은 것이라고나 할까.

마당에서 식구들이 모여 소란스럽게 묵은 창호지를 벗기는 동안 여자들은 부엌의 가마솥이나 큰 솥에 풀을 끓인다. 섣불리 설 끓이면 풀이 잘 붙지 않을까 조바심이 생긴다. 다 끓인 다음에도 물방울이 군데군데 생길 때까지 더 끓인다. 나는 빨리 끝내고 싶은 생각에 외할머니의 눈치를 살폈지만 마치 여름 장대비 끝에 새기는 물 고임처럼 많은 파문이 생기고서야 불을 끄신다.

그 사이에 아버지는 지물포에 가서 조선 창호지를 사오셨다. 그리고 꼭 초배지도 같이 사오신다. 묶음을 풀면 그 종이의 겉 표면 쓰다듬는 것을 좋아한다. 친구의 손을 쓰다듬듯이, 아니면 초등학교 미술 시간에 크레파스로 처음 그림을 그리고자 했을 때 조바심 가득한 손끝으로 스케치북을 만져 보듯이. 그렇게 위에서 아래로 아래에서 위로 쓸어 올렸다. 아버지는 잘못하면 찢어진다고 늘 말리신다. 끝이 울퉁불퉁하게 되어 있지만 난 그것이 더 마음에 든다. 우리 가족들은 분주하게 창호지에 풀을 바르고 모든 살에도 발랐다. 그리고 양지바른 곳에 비스듬히 세워둔다. 이런 날은 두리상에 김치찌개 한 가지로 점심을 먹어도 꿀맛이다.

오래간만에 모든 문이 휑하니 뚫린 창문과 방문 자리로 바람이 마음대로 들어온다. 집이 '펑' 하고 커진 것 겉만 같다. 괜스레 식구들끼리 별것 아닌 것 가지고 '꽁' 했던 일도 아무렇지도 않은 듯하다.

이윽고 해가 지면 문들은 각자 제자리로 들어간다. 축 처진 어깨에 힘이 돌고 기(氣)가 살듯이, 힘없이 늘어졌던 창호지들이 문살에 기세등등하게 붙어있다. 그리고 '히히 해해' 하고 웃는 것만 같다.

우리는 눈부시게 비치는 창문들을 어루만지며 각자 나름대로 옹이진 삶이나, 인생의 서운함, 밖에서 당한 홀대나, 마음의 흉터를 쓸어내리며 한 언덕을 넘어 내공을 쌓았다. 해마다 문을 바른 다음 날 보면 손잡이가 있는 쪽에 꽃잎들이 넣어져서 덧발라져 있었다. 손이 자주 가서 쉬 떨어지는 곳에 아버지는 마당에서 끝물로 피고 지는 일년 살이 꽃잎들을 넣어 바르셨다. 어둠이 깃드는 저녁이나 이른 아침에는 잘 보이지 않은 꽃잎들이 서창의 햇살이 기웃거리면 조금씩 내비쳤다. 나는 그 꽃잎들을 보며 미래를 점치기도 하고 꿈을 키워 보기도 했다.

그런데 어느 해에는 뿌리까지 잘 펴서 말려 놓았다. 나는 의아해서 아버지께 여쭈어 보았다.

"아버지, 왜 보기가 어색하게 뿌리까지 발라 놓으셨어요?"

"이제 너희도 컸으니 꽃도 좋지만 뿌리를 볼 줄도 알아야 한다. 혹시 모두 분가해서 너른 세상을 살다 보면, 눈 질근 감고 뿌리가 흔들려야 할 때가 많다"

헛기침을 하셨다.

"그래도 될 수 있으면 심근(心根)을 지키며 사는 나무처럼 살아 봐."

이제 아버지도 이 세상에 안계시고, 해마다 바꾸어 바를 창과 문도 유리로 대신하고 있다. 나는 올가을에도 텃밭에서 마지막 가을을 지키고 있는 꽃잎들을 책갈피에 끼워 넣는다.

남산 길 빈 의자

요즘 나는 남산 길을 자주 걷는다. 작은 배낭에 간단한 점심과 보온병에 더운물을 넣고 특별한 일이 없는 한 이곳을 걷는다. 처음엔 그저 어디 갈 곳이 없어서 시작했다. 집을 나서면 전철로 세 정거장이면 충무로역에 내린다. 그리고 한옥마을로 들어가면 남산 자락이 보이기 시작한다. 이곳에서 조금 더 걸으면 도심의 경적 소리라던가 어지러운 인파 속에서 금방 해방

되어 소나무 숲을 바라볼 수 있다.

한옥마을의 넓은 마당에서 반듯한 기와집과 드넓은 마당, 그리고 한 켠에 의젓하게 자리 잡고 있는 정자를 바라보면 내가 한번 살아보고 싶었던 꿈이 이루어지기라도 한 것 같아 좋다.

가끔씩 가던 길을 멈추고 소나무가 많은 곳에서 멈추어 서서 심호흡을 한다. 이 소나무 향기는 도시에서 살면서 자주 마음의 중심을 잃으려는 내 폐부에 깊이 스며든다.

이제껏 살아가면서 그 이전에도 몇 번 남산에 간 적이 있다.

그중에서 처음으로 간 것은 초등학교를 졸업할 때쯤이다. 이웃에 사는 친구들과 그의 부모를 따라서 갔다. 그런데 하필 운동화를 새로 사서 신은 그 다음 날이었다. 까만 '벙어리 운동화' 였는데 요즘으로 치면 실내화 수준이었다. 사는 날에는 발에 꼭 맞다고 생각했는데 걸으면 걸을수록 엄지발가락이 점점 아파왔다. 나는 통증을 참으며 뒤질세라 열심히 쫓아다녔다. 나중에는 감각이 마비되었는지 아픔도 사라지고 무사히 구경을 끝내고 집으로 돌아왔다.

그렇지만 이튿날 아침 견딜 수 없는 아픔 때문에 발을 보니 엄지발톱이 까맣게 변색되어 있었다. 나는 공포심에 엉엉 울고 말았다. 나의 발을 보신 어머니는 웃으며 얘기하셨다.

"미련도 하지. 그렇게 아프면 빨리 집에 오지, 발톱이 빠지도록 있었니? 운동화를 당장 다시 사야겠다. 너무 걱정 마라, 발톱은 빠지면 다시 나온다고 하더라."

나를 안심 시켜 주었다.

정말 발톱이 빠진 후에 보니 작은 새의 부리 같은 발톱이 나왔다. 다행스럽게 그 발톱은 자리를 잘 잡고 자라 주었다. 이 사건이 있은 후 나는 신발을 한 치수 크게 신는 버릇이 생겼다. 그리고 창문을 열 때 남산을 보면 가끔 아픈 발의 통증이 생각났다.

또 한 가지 추억이 있다면, 스무 살 무렵 또래의 친구들과 남산을 오른 일이 있었다. 이때는 남대문시장 어귀를 지나 층계를 걸어서 갔다. 이곳에서 불확실한 나의 미래를 가늠하며 여러 가지 상상을 했다. 철쭉꽃이 한참 피어있는 산책길을 걸으며 우리는 때 없이 웃어대곤 했다.

이 친구들은 소꿉놀이를 같이하던 시절부터 지내던 동네 친구들이었는데, 이상하게도 그림자밟기 놀이를 많이 했다. 움직이는 친구들의 그림자를 밟으면 이기는 그런 놀이었다. 그렇지만 친구들의 그림자를 밟는 일은 쉽지 않았다. 해지는 줄 모르고 놀다가 어둠이 깊어지면 우리는 모두 집으로 돌아갔다.

지금은 어디서 어떻게 사는지, 모두 소식을 모르지만 이제 다시 만나면 그림자가 생기더라도 밟지 않으련다. 이제껏 정신없이 사느라고 앞뒤 돌아볼새 없이 달리던 나의 청춘 시절의 욕망과 시샘이 가장 가까운 사람들의 그림자 밟는 놀이는 아니었을까 생각한다.

이제 이곳에는 우리 내외가 다닌다. 서로 머리에 허옇게 솟은 새치를 바라보며 주름진 얼굴도 마주 보며 한 걸음 한 걸음 걷는다. 지난 세월 바쁘다는 핑계도 있었고, 사실 너무 지척에 있어 남산에 자주 못 갔다. 틈만 나면 기차를 타던지 시외버스를 타고 먼 곳으로만 다녔다. 그러나 지금은 남산이 우리를 기다려 준다. 비가 오거나 바람이 불어도 우리는 흉허물없는 벗과 같은 남산에 오른다. 아무리 절친한 사이라도 너무 자주 왕래하다 보면 오해도 생기고 불협화음도 생긴다. 그리고 먼 데서 바라보던 환상(fantasy)이 깨지기도 한다. 그렇지만 남산은 내가 매일 찾아갈지라도 늘 따듯한 마음씨로 처음처럼 반겨준다.

나는 마른 콩이나 옥수수 알갱이를 소나무 숲 속에 있는 새 먹이통에 도르르 굴려 준다. 간혹 높은 가지 위에 지어놓은 까치집이 지붕이 있는지 없는지 확인하는 내기를 할 때도 있다. 잠시 쉬는 사이에 산그들에서 나온 어린 비둘기에게 손을 내어 주고 무등을 태우기도 한다.

이곳에 가는 길에 회색빛 터널도 있다. 나는 이 회색빛 터널을 빠져나올 때면 그곳에 나의 청춘을 두고 나온 것 같아 뒤를 한 번 돌아본다.

나는 불혹과 지천명을 지나며 사춘기보다 더한 열병을 앓는듯했다. 그것은 마치 홍역을 앓듯 아무도 대신해 줄 수가 없었다. 터널을 지나면 코끝에 닿는 공기와 바람이 시원하게 느껴지듯 하다. 차라리 지금 마음이 시원해 오는 것을 느낀다.

어찌 되었건 나는 내 인생의 절반을 남산 자락에서 보내며 이제는 이순을 향해 가고 있다. 그리고 나를 기다리고 있는 노년이 웬일인지 두려운 대상이었다. 그러나 요즘 남산 길을 오르며 노년도 쓸만하다는 생각이 든다.

긴 산책길이 지루하면 우리는 빈 벤치에 앉는다. 우리 내외는 이곳에 앉아 차 한잔을 마신다. 샛바람이 차 향기를 스치며 지나간다. 어느 틈에 긴 겨울을 보낸 마른 나무의 마른 잎들이 우리 사이를 비벼대며 어깨에 기대어 온다. 나는 세포 한 조각을 연구하는 실험실의 현미경처럼 새순을 바라본다. 높은 가지 위에서 까치의 노랫소리가 나를 놀라게 한다.

"아, 이제 우리 일어나요."

"그래, 뒤에 오는 사람도 앉아서 쉬어야지."

우리는 남산 길 빈 의자를 돌아보며 걷는다.

묵은 발톱 속에 숨겨진 내 유년의 발톱순처럼 남산은 늘 내 곁에 있다.

인사동 스카프 · 1

나는 가끔 인사동에 간다.

매일 반복되는 삶을 살아가다가 무료해지거나 버거워질 때면 간다. 지하철을 타고 종각역에서 내려 인사동 길로 접어든다. 봄날의 한가운데에 있는 것처럼 햇살도 따사로웠다. 겨우내 무거운 옷차림으로부터 해방감을 맛보듯이 가볍게 나갔다.

이곳저곳 정감 있는 것들을 구경하며 답답했던 가슴이 조금씩 풀린다. 화랑에 들어가 그림 구경을 하고 도자기도 본다. 작은 액세서리며 공예품을 둘러보며 한살 두살 나이를 더 먹으며 밀려오는 외로움을 조금이나마 덜어낼 수 있다.

구경하다 지치면 맥도날드 햄버거집에 앉는다. 커다란 창으로 밖을 내다보며 커피를 한 잔 마신다. 이곳에서는 노신사도 친구들과 담소를 나누며 커피를 마시는 정경을 종종 볼 수 있다. 여인들도 삼삼오오 모여 차를 마신다. 그간에 있었던 일들을 즐겁게 이야기하는 소리가 들려온다.

밖으로 나와서 다시 걷기 시작했다.

아침 날씨와는 다르게 바람이 불고 눈발도 조금 흩날리기 시작했다. 꽃샘바람인 가 보다. 부지런히 걸어 스카프를 팔고 있는 가게로 간다. 이것저것 보다가 봄꽃 빛이 나는 가벼운 스카프를 골랐다. 다가오는 봄날에 많이 쓸 화사한 것을 골라 목에 두르고 나왔다. 덕분에 추위가 조금 가신 듯했다.

조금 건다가 바람결에 이 스카프가 스르르 풀려 바람에 날려 간다. 내 스카프가 나비처럼 이리저리 날아다닌다. 나는 나비를 쫓는 소녀가 되어 이리저리 쫓는다.

정독 도서관에 갈 때도 인사동길을 지나간다.

도서관 가는 날은 오전에 갈 때가 많다. 관광객들과 인파가 많은 다른 날들과 달리 아침 길은 조용하다. 가게도 거의 문이 닫혀있다. 고요함이 깃든 인사동 길을 걸으면 마음도 차분해진다. 보이지 않는 곳을 볼 수 있어 더 좋다.

곱슬머리 강아지를 품에 안고 길가 의자에 앉아있는 할머니와 아침 인사를 한다. 길을 묻는 외국인과 다정한 미소를 나눈다. 낮에 가판대에 진열되었던 스카프들은 유리 진열장 속에서 아침 햇살을 받고 있다. 고운 빛깔을 뽐내려는 듯 보인다. 그 앞을 서성이며 '다음에는 저걸 사야겠구나' 하는 생각으로 웃는다.

또 인사동 길을 갈 때는 동양화 물감을 사야 할 때다.

동네 서예학원에서 붓글씨를 쓰기 시작했을 때, 아마도 아이들이 유치원에 다닐 무렵인 것 같다. 유난히 외로움을 많이 타는 나, 그곳에서 먹을 갈고 글씨를 쓰며 같이 글씨를 배우는 동네 엄마들과 차 한잔 기울이는 시간이 즐겁다.

그리고 사군자와 동양화도 배우게 되었다. 먹물을 갈아서 숨을 고른 후 물감을 섞어 화선지 위에 바르면 곱게 피어오른다. 그 색에 반해서 멋도 모르고 그림을 그린다.

그렇지만 나중에 나의 진로를 정해야 할 때가 되어 시(詩)를 선택했다. 거의 이 십여 년을 시만 생각하고 시를 쓰고 있다.

어느새 불혹의 나이를 지나 이순의 나이도 지났다. 이제는 마음 닿는 대로 해도 죄를 짓지 않게 된다는 나이로 향해 가고 있다. 더불어 적적함도 같이 찾아온다.

어느 날 빈집에서 홀로 옛날 생각을 하며 붓과 화선지를 꺼냈다. 먹을 갈아 그림을 그려보니 몇 시간을 몰두할 수 있어서 좋았다.

그래서 요즘도 가끔 소일거리로 그림을 그린다. 앞으로도 종종 인사동에 그림 도구를 사러갈 때면 스카프를 사게 될 것 같다. 그 스카프는 누구에겐 연분홍 치마가 되기도 하고 나에겐 추억의 트럼펫이 될 것이다.

인사동 스카프 · 2

나는 가끔 인사동에 간다.

하루 종일 집에 있으면 답답하고 외로움까지 겹쳐지기 때문이다. 간편한 옷차림으로 지하철을 타고 종각역에서 내린다. 인사동에 가면 입구부터 활기가 넘친다. 시들시들한 나의 기분이 화창한 봄날 꽃처럼 생기가 돋는다.

외국에서 온 관광객들이 많다. 자그마한 액세서리들을 본다. 화랑에 들러 그림을 보며 눈을 즐겁게 해 준다. 여기저기 둘러보다 오늘도 맥도널드에서 커피 한 잔을 마신다. 지난날 향기에 취한다.

세상이 참 많이도 변했다. 자고 일어나면 새롭게 변하는 전자제품이나 스마트폰 등 미처 따라갈 수 없게 변화한다. 체념하고 내 생활과 행복에 맞게 살고 있다.

지금은 백세시대라고 한다. 거기에 발맞추어 살려고 하니 그것도 고단하다. 오래 사는 것과 인간답게 사는 것이 나의 숙제이다. 품위를 유지하며 건강하게 살면 좋으련만 어디 그것이 쉬운 일이겠는가. 경제적인 것, 자녀들의 평안함, 친지들의 무사함 등 주위 사람들도 나에게 영향을 미친다. 모두 힘들어하는 표정이다.

이런 삼박자가 모두 갖추어진다 해도 홀로 긴긴 해를 보내야 한다. 오랫동안 홀로 지내야 한다고 생각하면 그 외로움을 어떻게 감수해야 할지. 웬만큼 독하지 않고서야…….

아무도 없는 집에서 밥을 먹고 TV를 보고 홀로 잠을 자고, 하루 이틀이지 긴 세월을 어떻게 살아갈지가 걱정이다. 그래서 미래의 사회도 궁금해진다. 인류

학자는 어떠한 해결책을 가지고 있는지, 지금 연구가 되고 있는지도 궁금하다.

집에서도 가깝고 돌아오는 길도 편하고 해서 이곳에 오면 가끔 스카프를 산다.

거금을 들이는 것도 아니고 한 벌의 옷을 사는 것도 아니다. 가볍고 기다란 천이 나의 묵은 것들 위에 살포시 얹히면서 새로운 향기를 덮어 준다.

실폰으로 된 스카프가 나의 손에 닿는 순간, 갓난아기를 품에 안았던 시절처럼 마음이 순백해진다. 아가와 함께 세상을 살아가는 희망이 생겼던 그 시절처럼 또 한세상 살아가고픈 희망이 생기는 것이다. 몸은 주름지고 낡아가고 있지만 말이다.

누구와 약속이 있으면 스카프 한 장으로 멋과 분위기를 낼 수 있다. 그래서 스카프를 살 때는 주로 화사하고 밝은색을 산다. 그러면 마음속에 먼지를 뒤집어쓴 상념들이 윤기가 난다.

한 장을 더 산다. 나의 친정어머니를 위해서…, 밝은색이 비치는 잠자리 날개 같은 천으로 된 스카프를 고운 한지에 포장한다. 봄이면 봄이 왔다고 가을이면 낙엽이 진다고 누워계시는 어머니 목에 둘둘 말아 드린다.

"왜 돈을 쓰니. 이제 됐으니 담엔 사오지 마."

늘 말씀하시지만, 나는 이렇게 해서라도 어머니께 계절의 바뀜을 알리고 싶다.

노년에 고관절이 부러져 거의 10년을 누워서 지내야만 했던 어머니….

나는 건강한 몸으로 인사동 햇살을 받으며 커피까지 마시는 호사를 누리는데, 집에서 TV만 보아야 하는 어머니께 보들보들한 목도리 한 장이 내가 할 수 있는 유일한 자식 된 도리라고 해야 할지. 그리고 겉으로 말을 하지는 않았지만 '얇고 질긴 천처럼 삶의 끈을 놓지 말고 이 화려한 무늬들처럼 고운 꿈 꾸어 보세요.' 하는 소망이 담겨있다.

플라스틱 소쿠리에 그 스카프들은 하나 둘 씩 쌓여가고 그 무게 만큼 어머니의 건강도 나날이 무거워졌다. 내 나이도 한둘 나이테를 첨가해서 내가 나를 보아도 고운 자태가 사라지고 있다.

거울 앞에서 머릿결을 쓸어올리며 인생의 뒤안길을 생각한다.

오늘은 향수 한 방울을 귓불에 살짝 두드린다.

향기가 온 방 안에 소녀가 불어 날린 비눗방울처럼 가득히 날린다. 그곳에서 둥둥둥 작은북 소리가 퍼져 나온다.

'살아가는 것은 그 자체로 아름답다.' 고 알려준다.

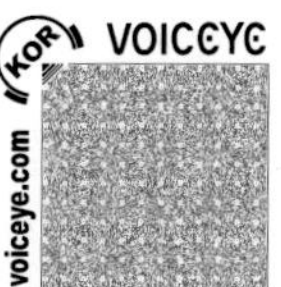

"엄마 도깨비는 어디 있어요?"

"으응…?"

무슨 소리인가 잠시 어리둥절해졌다. 그러나 번개처럼 스치는 생각 때문에 웃음이 나왔다. 시장 안에서 물건을 파는 아줌마 아저씨들도 웃으신다.

"우리가 바로 도깨비다. 어흥!"

3부

도깨비시장

도깨비시장

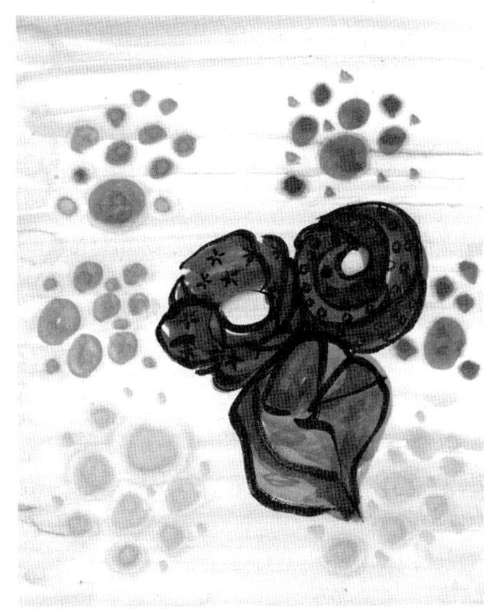

올봄의 일이다. 작은 녀석이 유치원에 입학했는데 원장 선생님께서 실내화와 도시락 가방을 준비하라고 하셨다. 실내화를 동네 신발가게에서 사고 도시락 가방을 사기 위해 몇몇 양은가게와 가방가게를 다녀 보았으나 마음에 드는 것이 없었다.

이제 이 아이가 유치원에 다니게 되면 내 품 안에서 병아리같이 머리를 비비

거나 괜스레 투정을 부릴 아이가 없다. 그래서 이 기분을 한껏 만끽하기 위해 아이에게 예쁜 도시락 가방을 사주고 싶었다.

나는 남대문 시장 지하상가에 가면 좀 예쁜 도시락 가방을 구입할 수 있을 것 같아 아이에게 “남대문 시장에 가볼까?” 하고 지하철을 탔다.

시청역에서 많은 인파와 섞여 내렸다. 덕수궁도 가르쳐 주고 물어보는 것 이것저것 대답해주며 아이와 걸었다. 시장은 무척 북적댔다. 발을 구르며 손뼉을 리듬 있게 치고 옷을 사라고 외치는 아저씨. 수염을 길게 늘이고 가슴과 바지 무릎 쪽으로 커다랗게 달린 주머니에도 복슬강아지를 구석구석 달고 파는 할아버지. 기다란 주걱으로 쓱쓱 비벼대는 붉은 떡볶이. 김이 무럭무럭 오르고 어묵이랑 무를 큼직하게 썰어 넣은 어묵 국물. 덤핑이라고 외치며 늘어놓은 그릇 가게…….

우리는 어슬렁거리며 이것저것 구경하다가 막상 우리가 들어가려고 하는 곳의 입구를 놓쳤다. 옆에 아저씨에게 “도깨비시장은 어디로 들어가요?” 하고 물었더니 손가락으로 가르쳐 주신다. 나와 아들 녀석은 지하로 통한 입구에 들어서 층계를 내려섰다. 코너를 조금 들어가니 아이가 의아

한 표정을 지으며 나를 쳐다보고 물었다.

"엄마 도깨비는 어디 있어요?"

"으응…?"

무슨 소리인가 일순 어리둥절해졌다. 그러나 번개처럼 스치는 생각 때문에 웃음이 나왔다. 시장 안에서 물건을 파는 아줌마 아저씨들도 웃으신다.

"우리가 바로 도깨비다. 어흥!"

그래도 아이는 자꾸 도깨비는 어디 있느냐고 묻는다. 우리눈 통용 남대문지하시장의 수입상가를 도깨비시장이라고 하는데, 이 아이는 커다란 기대감을 갖고 있었나보다. 나는 이 아이의 신선한 상상력을 깨고 싶지 않았다.

"조금만 더 가면 도깨비가 있을 거야."

시장 구석구석을 누비며 나는 도시락 가방을 찾았고 아이는 도깨비만 찾았다.

모피코드를 가리키며 물었다.

"이것이 도깨비야?"

나는 고개를 끄덕였다.

"낮에는 사람이 많아서 이 옷 속에 숨었다가 밤에 아무도 없으면 살짝 빠져

나와 이 사장 속을 어슬렁 어슬렁어슬렁 걸어다녀.”

“머리에 뿔이 있어?”

“물론 커다란 뿔이 있지.”

어느 가게에서 우리는 도시락 케이스를 흥정했다. 푸른색과 붉은색이 있었는데 아이는 붉은 바탕에 도날드덕이 그려져 있는 것을 선택했다. 그 빨간색은 도깨비뿔 같은 색감을 가지고 있다.

나는 이 수입상가인 도깨비시장을 입에서 뱉으면서도 도깨비를 연상해 본 적은 없다. 그저 그 시장은 남들이 다 도깨비시장이라고 하니까 도깨비시장이었다. 그리고 그 지하 층계를 내려가면 온갖 욕심 나는 물건이 가득 진열되어 있을 뿐이었다. 반짝반짝 광채가 나고 눈으로만 구경했을 뿐 주머니에 들어오는 것이 별로 없어 그냥 도깨비시장 같았다.

어릴 적에 나에게도 도깨비는 가까이 있었다. 외조모의 옛날이야기 속과 다 쓰다 남은 몽당빗자루에 혈흔이 묻으면 도깨비가 된다고 아이들끼리 수군대던 때다. 밤늦은 골목을 혼자 걸으며 제 발소리에 놀라 허둥지둥 뒤도 돌아보지 못하고 빠져나올 때 도깨비가 있었다.

언제부터인가 도깨비는 퇴색한 빛으로 나에게서 점점 사라져 갔다. 현실 생활에 몸을 담고 있으면서 조금씩 꺼져가는 순수의 심지 끝에 아들 녀석의 세찬 불길을 당겼다. 잠깐이나마 가슴 속 깊이 아주 따스해 옴을 느꼈다.

나는 항상 아이들에게 무엇인가 베풀어야 하고 또 가르치고 있다고 생각했다. 그러나 오늘 나는 아이들에게서 순진무구함과 가식 없는 진실, 샛별처럼 반짝이는 영혼의 비밀을 오히려 배운다는 사실을 깨달았다.

이제 유치원을 졸업하고 초등학교에 입학해야 하는 아들 녀석은 일 년 내내 도깨비 불빛 같은 도시락을 들고 다니며 무슨 생각을 할까 못내 궁금해진다.

회상

내 동창생 중에서 브라질로 이민 간 친구가 있다. 나는 그 벗을 생각할 때마다 항상 노란 색깔이 떠오른다. 아마도 처음 만났을 때 그녀가 노오란 블라우스를 입었던 탓일게다. 그래서인지 타인이 나를 생각할 때 무슨 색깔로 회상되어질까 궁금해진다.

무심코 걷다가 나는 그만 환상에 젖어든다.

외줄로 길게 뻗은 길은 끝도 없이 펼쳐져 있고, 아카시아꽃은 바람에 흩날려 하얗게 날리고 있다. 그리고 그 밑 벌통에선 벌들이 잉잉대며 분주히 오가고 있다. 처음 온 길인데도 언젠가 꼭 왔던 것만 같고 꿈속에서 본 것도 같고 그리 낯설지만은 않다. 횡단보도를 건널 때 빨간 신호등에 걸려 기다려야만 한다. 이윽고 푸른색이 켜지고 나는 행길을 건넌다. 무심코 이쪽으로 오는 수도승과 같은 눈이 마주칠 때 그 눈망울이 항상 대하던 눈동자만 같다. 이름도 성도 모르는 그가 빨간 벽돌담을 돌아 집 대문 앞에 올 때까지 생각난다. 또 가끔 하얀 쌀을 씻다가도 불현듯 생각나는 것은 웬일일까?

그리고 버스를 타고 휙 지나치는 차창 밖으로 보이는 골목 어귀, 나는 순간적으로 그곳에 가보고 싶은 충돌을 느낀다. 그곳은 휴지 나부랭이가 바람에 불려다니는 곳이다. 그런데도 나는 가끔 그곳을 생각하며 내리지 못했던 것을 아쉬워한다.

내 화장대 앞에는 까만 조약돌이 하나 있다. 변산해수욕장에서 하도 못생겨서 집어왔다. 가끔 나는 그 돌에서 짠 바닷물 냄새, 물 빠진 후 기어 다니는 고

둥을 생각한다. 그리고 조그맣게 패인 웅덩이에 나풀거리는 이름 모르는 해초, 볼을 간지르는 바람을 음미한다. 그리고 원색의 수영복 물결, 여인의 아름다운 자태, 아무튼 그 못생긴 검은 돌 조각에 커다란 우주의 한 조각이 새겨져 있다고 생각한다.

우리 집 어귀에 커다란 버드나무가 하나 있다. 텁텁한 여름엔 대개 동네 노인들이 모여 부채를 부치거나, 장기 한판 두며 더위를 피하는 곳이다. 나는 그들 앞을 지나기가 어쩐지 발걸음이 무겁다. 구두 끝을 탁탁 튀기며 걷기가 불안해 슬몃슬몃 조심해서 걷는다. 나는 그들의 젊음을 회상하고 어쩌다 모시 적삼 곱게 손질해 입은 노인을 보면, 할머니 아니면 며느리의 손끝을 회상한다.

나는 가끔 여행을 한다. 여행지에서 만난 신혼부부, 감색 싱글을 입은 신랑 옆에 새색시가 붉은 치마에 초록 삼회장저고리를 입고 있다. 수줍은 새색시 옆에 신랑은 무엇이 그리도 좋은지 연신 싱글벙글이다.

나는 뒤돌아보며 나의 새댁 시절을 생각한다. 엊그제 결혼한 것 같은데, 내 앞에는 불면 터질듯한 사내아이가 둘씩이나 서 있었다.

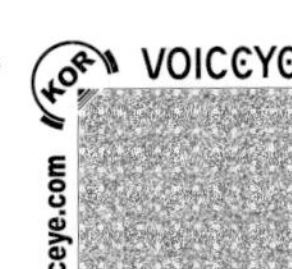

이 아이들이 정말 나의 아이란 말인가? 도저히 실감이 나질 않는다. 그러고 보니 하얀 천장 밑에서 산고에 시달리는 나 자신이 영화의 한 장면처럼 스치고 지나간다. 그 아이들이 아기 적에 젖을 물리면 아가는 나를 빤히 쳐다보았다. 나도 아가의 눈을 응시하면 아가는 빙그레 웃었다.

그때, 그 아기의 동공 속엔 내 모습이 비쳤었다.

나는 내 모습이 있는 아가의 동공 속에서 나의 젖먹이 시절을 회상한다.

시계

저녁상을 물리고 아이들은 이부자리 위에 비스듬히 잠들었다. 나는 조용히 흐르는 음악을 들으며 뜨개질을 한다. 문득 안개처럼 떠오르는 얼굴이 있다.

갸름한 얼굴에 틀어올린 머리를 하고 웃고 있다. 불쑥 보고 싶은 생각이 솟는다. 어디에 사는지 알기만 하면 단숨에 찾아갈 것 같다. 그러나 한 번도 마주쳐 본 적이 없다. 한 번쯤 우연히 만날 수도 있었을 텐데….

그 언니는 내가 단발을 하고 중학교에 입학했을 때 어머니 대신 가사일을 돌보기 위해 왔다. 친정어머니가 부업을 한 관계로 학교에서 돌아오면 항상 언니가 웃으며 반겨주었다.

어느 날 그 언니는 나에게 시계를 보여주었다. 한눈에 보기에는 깜찍하고 탐나던 시계였다. 언니는 시계가 너무 차보고 싶어 푼푼이 저금을 해 오늘에야 장만했노라고 했다. 손바닥 위에 올려놓고 실눈으로 내려다보는 언니의 눈길은 감개무량해 보였다. 같이 들여다보는 내 마음도 저 시계가 꼭 내 시계였으면 하는 마음이 간절했다.

나는 그때 시계를 차고 다닐 형편이 못 되었다. 시계를 차고 다니는 애들이 무척 부러웠었다. 나는 언제나 저 아이들처럼 시계를 차보나 하고 생각했었다. 그러나 감히 부모님께 시계를 사달라고 조를 수는 없었다.

밤새 뒤척였다. 그러나 아침 등굣길에 용기를 내 언니에게 부탁을 해보았다. 언니는 순순히 시계를 빌려주었다. 나는 비록 단 하루지만 등굣길이 신명 났다. 학우들에게 어깨가 으쓱해져서 어제 선물을 받았노라고 거짓말을 했다. 급

우들은 시계가 아주 예쁘다고 이구동성으로 칭찬을 아끼지 않았다. 그러나 하굣길 버스에서 그만 시계 뚜껑을 잃어버리고 말았다. 그러나 언니는 화를 안 냈다.

그러고도 나는 그 다음 날로 벌써 시계의 일은 까맣게 잊어버렸다. 그리고 몇 년 같이 사는 동안에도 시계 같은 일은 염두에도 없었다. 언니가 떠난 후에도 더군다나 생각해본 적조차 없었다.

그런데 웬일인지 오늘 저녁은 뜨개바늘 끝에 언니의 마음이 걸려 있는 듯 하다. 그리고 이제껏 짜놓은 스웨터의 무늬에 언니의 섭섭했음이 배긴듯하다.

요즘은 시계가 참 흔하다. 초등학생의 팔목에까지도 만화 그림이 넣어진 시계가 채워져 있다. 달리 보면 요즘은 초등학생도 시계를 볼 정도로 바빠진 시대인가 보다. 나는 화장대 서랍에 밤낮 처박아놓은 시계를 생각하며, 어쩌면 내가 가장 게으른 사람 같다고 생각한다.

나는 시간의 틈바구니에 얽혀, 빈틈없이 움직여 많이 얻는 것보다 조금 잃더라도 강태공처럼 한가로이 앉아 시간을 낚고 싶다.

나는 항상 버릇처럼 시계를 무척 아낀다. 내가 가난한 시절에 시계를 탐내던 욕망(?)만큼이나 비례한다. 앞으로 시계가 무시래기처럼 더 흔해터져도 시계를 아낄 것이다. 어쩌면 그것은 시계의 외형적인 것보다는 내 소중한 생애를 걷고 있다는 속마음 때문일 것이다.

나는 어둑한 골목길 뒤 집에서 울리는 괘종시계의 종소리, 태엽이 풀리는 벨소리, 가끔 예전의 언니를 생각한다.

오늘 같은 저녁, 넉넉한 용서의 마음을 간직한 풋풋한 여심이 전해오면 방에서 움직이는 시계의 초침 소리와 생각들이 어우러진다.

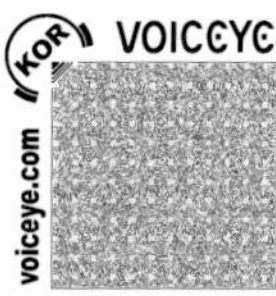
KOR
VOICEYE
voiceye.com

데!

낮에 무심코 방에 있는데 큰아들 녀석이 앞니 빠진 얼굴로 생글생글 웃으며 나에게 묻는다.

"엄마, 엄마는 문자 중에서 제일 좋은 '자' 가 뭐예요?"

불시에 받는 질문이라 어리둥절하기도 하고 재미있는 질문이기도 했다.

나는 항상 언어에 민감하게 생각하고, 아름답고 고운 말 즉 문자를 염두에

두고 살고 있는 줄 알았는데 막상 이런 질문을 받고 보니 막연했다.

"글쎄…."

아무리 골똘히 생각해 보아도 금방 떠오르질 않는다.

나는 아들 녀석에게 반문했다.

"그럼 너는 무슨 문자가 제일 좋으니?"

아이는 흰 메모지에 볼펜으로 '뎅' 자를 써보인다.

"엄마 바로 '뎅' 자예요."

즐거워 못 견디겠다는 듯 소리 내 웃는다.

"왜 그렇게 생각해?"

"갓난아기의 궁뎅이가 제일 귀여워. 그래서 '뎅' 자를 좋아해."

"하하, 네 말이 참 맞다. 하하."

맞장구를 쳐 주었다.

그리고 보니 아이들을 낳아 기를 때 궁둥이 쓰다듬는 것을 좋아하였다. 갓난 아기의 궁둥이는 보드랍고 순순하고 꼭 찌르면 우유 물이 주르륵 쏟아질 듯 팽팽하다. 그때만 해도 내 마음은 아기와 같이 보드랍고 순순하고 팽팽했던 것 같았다. 하지만 요즘 어딘가 모르게 메마르고 건조해지는 것만 같은 생각이 든다. 아이들 녀석의 궁둥이들이 여물어 가면서 내 마음도 여물어 갈 텐데 왜 알맹이 빠진 콩깍지처럼 허전함이 생기는 것일까.

화가가 그린 그림 중에 궁둥이가 살짝 튀어나온 아이의 그림은 고향 집 마당에 내린 눈처럼 포근하다. 옷을 완전히 챙겨입은 아이보다 눈길이 가고 정감이 간다.

그리고 또 한 가지 생각 나는 일이 있다면, 산사에서 새벽이나 해거름에 울려 퍼지는 종소리다. 한번 울린 파문은 고요히 떨리어 산등성이를 넘어 마을까지 아련히 들린다. 모든 욕심이 잠시나마 맥없이 스르르 풀려나간다. 마음이 경건해진다.

'내가 사는 날까지 부디 부끄러움이 없이 살게 해 주소서.'

기도가 가슴 한구석에서 솟구쳐 오른다.

'이제껏 살면서 알게 모르게 지은 업보를 따듯한 자비로 보살펴 주소서.'

기원하게 된다. 왠지 모르게 내 가슴 한구석은 따듯한 온기로 젖어 든다.

분명 종소리는 ‘댕’ 자로 알고 있지만 이 소리도 ‘뎅’ 자로 하고 싶다.

산사의 묵직한 종은 ‘댕’ 이나 ‘뎅’ 소리를 무수히 던지며 자칫 차게 식어버릴 내 가슴 한 구석에 뜨거운 불씨가 되어준다.

신기료 가게

우리 동네 시장어귀에 신기료 가게가 있다. 그 가게를 눈여겨본 적은 없었다. 눈여겨본 적이 없다기보다는 그 가게가 하도 작아서 내 눈에 띄지 않았다고 할까. 3층 건물과 건물 사이에 약간 틈이 생긴 곳에 비 가리개를 해 놓고 구두를 수선하고 깜찍한 신발들을 진열해 놓고 팔고 있다.

갑자기 소나기가 쏟아지던 날, 아이들에게 우산을 전해주기 위해 학교로 향하던 길이었다. 가을비는 왠지 을씨년스럽고 차가 왔다. 길바닥을 추적추적 적시는 비를 밟으며 이제 이 가을도 조금 있으면 가버리겠지 하는 상념에 젖었다. 내 가슴 한구석이 어디로 떨어져 나가듯 진한 아픔이 몰려왔다. 어디선가 애수에 젖은 기타의 선율이 흘렀다. 발을 멈추고 가만히 듣다가 도대체 어디서 이런 음률이 흐르고 있을까 하고 주위를 살폈다. 비로소 나는 그곳에 신기료 가게가 있음을 알았다.

젊은 남자가 기타를 끼고 앉아 흘러간 옛노래 가락을 뜯고 있었다. 이제 막 배우는 솜씨가 아니고 매우 능숙하면서도 인생을 살아가면서 이리 뜯기고 저리 뜯긴 가슴의 상흔이 느껴졌다. 아름다운 영혼의 울림처럼 귓바퀴를 맴돌아 달팽이관을 통해 가슴을 샘물처럼 촉촉이 적셔오고 있었다. 길에 멈추어 서서 한없이 듣고 있었다.

트로트 풍의 유행가라 하던가. 〈무너진 사랑탑〉, 〈불효자는 웁니다〉 등의 유행가 가락을 들으며 내 눈시울에는 눈물이 고여왔다. 이제껏 듣던 어떤 오케스트라의 음률보다, 유명한 테너 가수의 노래보다 더 진솔하고 따듯했다. 흘깃 옆 모습을 훔쳐보았다. 기타에 몰입해 있는 그의 뺨이 마치 수선화 같았다. 작은 키에 야윈 모습이 이 꽃을 떠오르게 한듯하다.

갑자기 음률이 멈추어졌다.

어떤 아가씨가 그곳으로 들어가 예쁜 발을 내밀고 있었다. 퍼뜩 정신을 차리고 얼른 아이들 생각을 해냈다.

'우산을 갖다 주어야지.'

가을비는 계속 내리고 있었다. 이 골목 저 골목에서 어머니들이 여벌의 수산을 들고 쏟아져 나온다.

나는 곰곰이 생각해 본다.

'혹시 우리 가족들의 신발을 수리할 것이 없나.'

한 번쯤 들러서 내 발에 맞는 신발이 있으면 한 켤레 사두고 싶다. 좁은 공간에 진열되어 언제나 아름다운 키타 소리를 듣는 구두를 사 신고 이 가을날 홀로 외출해 낙엽을 밟아보고 싶다. 발밑에서 낙엽들이 바스러지는 소리를 들으며 내 주위를 떠나간 정든 사람들의 얼굴 하나하나 떠올리고 싶다. 그리고 만나고픈 사람들의 목소리의 색감을 감지하고 싶어진다. 유난히 푸른 가을 하늘을 올려다보면 묵직했던 내 가슴은 한 마리 새가 되어 푸드덕 푸르름 속으로 날아오를 것이다. 이내, 내 가슴에 가을의 따스한 햇살이 깃들어 충만해지겠지…….

그리고 신발을 살 때 나는 예전처럼 뒷굽에 징을 박고 싶다. 징 박은 구두를 신고 집집마다 저녁 불빛이 새어 흐르는 어두운 골목길을 걷고 싶다. 집으로 가는 골목길에 또각또각 발소리를 내며 걷고 싶다.

아리랑

며칠 전 호암아트홀에 갔다. 이은주 명창의 고희 잔치를 관람하기 위해서였다. 지하철을 타고 시청에 내려 밖으로 나가니 비가 몇 방울 떨어졌다. 서소문 쪽으로 걸어 호암아트홀에 도착하니 입구에 많은 꽃다발과 관람객들이 북적거렸다. 이윽고 막이 오르고 이은주 명창의 모습이 보였다. 창을 하는 모습이 새색시 같은 수줍음을 간직하고 계셨다. 그리고 목소리는 은쟁반에 옥구슬을 굴리는 듯한 목소리였다. 인생 칠십 고래희(高來稀)라곤 하지만 인생을 70년간 살아오려면 온갖 풍상과 고생으로 몸과 마음이 건조할 것인데, 그 고생으로 거친 모습일지도 모른다고 생각했는데 너무나도 청아하고 깨끗한 모습이다. 이렇도록 노력하고 보존하신 이은주 님께 존경심이 생겼다. 아마도 예술을 하신 덕택인 것 같다.

어릴 적부터 귓전에 경기민요를 많이 흘려 들었지만 예전에 그렇게 좋은 줄 몰랐었다. 그런데 한 해 두 해 세월이 흐르다 보니 경기민요가 내 폐부 깊숙이와 닿았다. 아마도 내 몸속에 한국인의 핏줄기가 흐르고 있기 때문일 것이다. 팝송이나 클래식, 재즈 음악을 들을 때보다 훨씬 편안해 지고 흥겨워진다.

그중에서도 아리랑, 정선아리랑, 이별가를 즐겨 듣는다. 특히 정선아리랑을 들을 때는 하던 일을 모두 멈추고 그 가락에 심취한다. 굽이굽이 넘어가는 가락이 마치 살아가면서 아슬아슬하게 넘겨내는 어려운 고비처럼 조마조마하다. 그러나 그 어려운 고비를 넘기면서 나는 조금씩 성숙했다고 생각한다. 그리고 흥겨운 가락에서는 삶을 살아갈 때 기쁜 일이 있는 것처럼 무한히 흥겹다.

경기민요는 대체로 밝은 분위기다. 그 가락들은 혹시 누가 엿들을세라 조용히 흐르는 내 가슴 속 나만의 강에서 배를 띄우고 노를 젓는다. 나의 온갖 시름과 번뇌 고뇌를 전부 알아주는 것이다.

그리고 이별가를 들을 때는 내가 사모하는 임을 보내듯 마음이 애달파진다. 만남이 있으면 이별이 있다고는 하나 헤어지기 싫은 사람과 헤어지는 아픔이란 겪어 보지 않은 사람들이 어찌 헤아릴 수 있을까. 이 이별가에서 보낼 임을 보내더라도 가는 임 앞에서 이은주 명창처럼 부른다면 차마 돌아서지 못하고 다시 돌아올 수밖에 없을 정도로 우수(憂愁)가 깊게 깃들어 있다.

'하지만 갈 사람은 가야만 하지 않을까.'

가슴은 미어지더라도 옷고름을 입에 물고 말 한마디 못한 채로 임을 보내는 서정이 깊이 배어 있다. 호암아트홀 무대에서는 안개를 듬뿍 깔고 먼저 무용수가 나와서 춤사위를 보이고 조금 후에 이은주 님이 이별가를 불렀다. 가장 한국적인 분위기였다. 그리고 안개처럼 무대가 깔끔하게 사라졌다.

예로부터 전해오는 정선아리랑의 발원지인 정선의 아우라지를 찾아가야겠다.

오늘을 기억하며….

글을 쓴다는 것

요즘 나는 글을 쓴다는 것에 대해 새삼스럽게 다시 생각하게 되었다.

왜냐하면, 나를 무심코 만나는 사람들이 “요즘도 글을 쓰세요? 아직도 쓰세요?”하고 물으면 왠지 겸연쩍어지기도 하고 부끄럽기도 해서다. 사실 그네들이 물어 오는 것처럼 매일 의식적으로 글을 쓰지 않는 것이 게으른 것 같아서다.

그럴 때면 몰래 감추고 있는 흉터를 들킨 양 얼른 대답한다.

"네, 물론 쓰지요. 그게 뭐 언제까지 쓰고 언제는 안 쓰고 하는 게 아니고 틈틈이 써요. 그러니까… 뭐랄까, 가수가 노래 부르듯, 아무래도 이건 팔자소관인가 봐요."

"그럼 먼저는 시집을 내고 다음에 수필집을 낸다고 했는데 언제 내지요?"

"얼마쯤 있으면 낼 거예요. 그러면 그때 한 권 드릴게요."

"아니에요. 책방에 가서 한 권 사야지요."

반색을 한다.

어떤 사람들은 자기를 주인공으로 해서 써 달라기도 하고 자기 가슴 속의 서러움도 좀 표현해 달라고 한다. 그러면 난 그냥 웃기만 한다.

"내가 무슨 특별한 재주가 있어야지요."

나는 내 이웃이나 친구를 만날 땐 내가 글을 쓴다는 생각을 깡그리 잊어버리고 그냥 만난다. 그런데도 그들은 나를 글쟁이로 먼저 의식을 하면서 만나는가 보다. 어찌 보면 보람되기도 하고 무거운 짐이 되기도 한다.

정말 첫 시집을 내기 전에 이 길로 갈까 말까 많이 망설였는데 막상 발을 내

디디고 보니 책임감이 무겁다. 그저 쓰고 싶은 욕망에 무엇인가, 내가 감지한 것들을 표출하고픈 생각에 펜을 들었었다. 그리고 삶을 살면서 내 가슴 속에 응어리진 체증들을 풀어내는 살풀이로 글을 썼다.

그러나 나의 글을 읽고 동감을 했느니 어떻게 그렇게 표현할 수 있느냐는 둥, 이런 이야기들을 들을 때마다 그들도 그들 나름대로 풀고 싶은 어떤 것들이 있구나 하는 생각이 든다.

오늘은 쇠붙이를 자르는 업종에 종사하는 한 사람을 만났다. 내가 글을 쓴다는 이야기를 전해 듣고 말을 건넨다.

"글을 쓰려면 마음을 깨끗하게 갈무리해야지요. 그리고 정신을 흐트러뜨리면 좋은 글이 나오지 않아요. 자기 자신을 순수하게 해야 좋은 글이 나올 거예요."

난 깜짝 놀랐다.

'기름투성이 먼지투성이의 덥수룩한 사람이 이렇게 말을 해주다니…. 사람은 누구나 순수하고 아름답고 정갈한 것에 대한 동경이 있구나.'

"글쎄요. 그래서 될 수 있는대로 나 자신을 곱게 하려고 애를 쓰는데 요즘 현대 생활이 그런 걸 쉽게 용납하려 드나요."

집으로 돌아오는 지하철 속은 몹시 붐볐다. 사람들은 모두 침묵을 지키고 창 밖을 내다본다. 한강 변의 야경이 무척 아름답다. 사람들은 그것들을 바라보면서 하루 동안 지친 심신을 정화할 것이다. 아무도 말하진 않지만 글이란 것도 이런 것이 아닐까.

난 그동안 글을 쓰기 위해 테크닉도 연구해 보고 새로운 시도도 해보고 좀 별스러운 착상도 생각하려 애를 썼다. 그러나 오늘 '진리는 진솔한 것에 있다.' 고 새삼 생각한다. 그래서 솔직해지고 진솔해지려고 노력하지만 그것이 잘 안 된다.

재즈, 그리고 배나무

나는 길눈이 어둡다.

한동네에 너무 오래 산 탓이다. 그래서 이제껏 가보지 않은 동네에 가면 신기하고 흥미롭다.

태릉에는 배나무가 많았다. 먹골배라고 해서 가을이면 배가 주렁

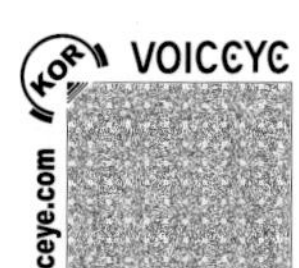

주렁 매달린 것을 보았다. 그리고 부근에는 비닐하우스가 많았다. 버스를 타고 이곳을 지나치려면 훅하니 시골의 거름 냄새가 났었다. 별로 기분이 좋은 냄새는 아니지만 그렇다고 싫지 않은 끈끈한 구석이 있는 냄새였다.

그런데 어느샌가 그 배나무밭은 조금씩 사라지고 그 자리에 아파트촌이 생겼다. 이 동(洞) 저 동(洞)을 지나 아는 집 호(號)수를 찾아가던 중에 한 귀퉁이에서 배나무밭을 발견했다. 가던 발걸음을 멈추고 서서 한참을 바라보았다. 배나무는 겨울이기에 잎을 모두 떨구고 서서 마른 등걸로 버티고 있었다. 그리고 그 굵직한 밑동은 듬직해 보였다. 찬바람이 휭휭 부는 곳에서 나무들은 버팀목에 기대어 서로 부추이며 봄을 기다리고 있었다.

그런데 그 나무들은 아파트에 포위당하고 있는 것처럼 보였다. 고층 아파트에 둘러싸여서 숨이 막혀 보였다. 어쩌면 아파트들이 조금씩 더 밀려와 배나무의 목을 죄고 있는 것처럼 보였다. 먼 훗날 언젠가는 그 배나무들이 베어져서 흔적도 없이 사라져 버릴지도 모를 것이다. 먼 후손들은 이곳에 배밭이 있었다는 사실조차 모를 것이다.

그 배나무의 모습에서 현대인과 닮았음을 보았다. 지금 살고 있는 현대의 우리들은 무엇인가에 침해를 받고 있다. 그것이 무엇이라고 꼭 집어서 말하기는 어려워도 언제나 답답함이 있다. 우리는 좀 더 편리하고 잘 살기 위해 연구하는 메커니즘에 갇혀 있다. 온갖 공해와 정신적 스트레스에 시달리고 있으면서도 하루하루 잘살고 있다.

배나무도 나무로서 스트레스가 있을 것이다. 그래도 봄이 되면 어김없이 배꽃이 핀다. 그래서 아파트 주민들은 창문으로 그 아름다운 꽃을 보며 즐거워할 것이다. 그곳에 사는 사람들은 그래서 행운아다.

도심 속의 배나무, 아니 꽃을 피우는 나무들은 모두 재즈 음악과도 같다. 째즈는 흑인들이 노예생활을 할 때 느낀 고통을 가슴 깊은 곳으로 삭였다가 노래가 된 것이다. 그래서 한이 우러나오고 가만히 듣고 있으면 심금을 울린다. 배꽃도 화려하지 않고 소박하지만 가식이 없다. 그리고 모여 있으니 황홀하다.

풍부하고 충만한 듯하지만 어딘가 허전한 요즘 우리네들….

베란다를 향해 배시시 웃는 배꽃을 보며 찻잔을 기울이면 어떨까….

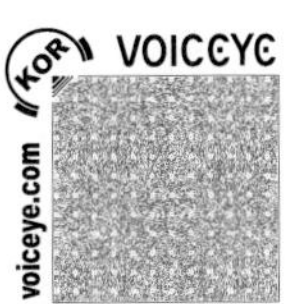

화방

언제나 이곳을 지날 때면 진열장을 들여다보게 된다.

그러면 맑게 닦인 투명한 진열장 속엔 붓 몇 자루와 물감, 여러 가지 화구들이 진열되어 있다. 목이 긴 〈모딜리아의 여인〉이나 〈르누와르〉의 소녀, 여인의 그림들이 조그마한 액자에 표구되어 진열되어 있다. 가던 걸음을 멈추고 그 여인들의 모습을 감상한다. 모딜리아의 여인들은 언제나 꿈을 주고 있고 르누와

르의 모델들은 부드럽고 포근하게 감싸주는 솜털 같은 느낌을 준다. 나는 그 그림들을 바라보고 있을 때마다 욕심스럽게도 꿈을 버리지 않으면서도 가슴은 부드럽고 포근한 여인이 되고 싶어진다.

십여년 전 나는 처음으로 이 화방에서 석고상 〈쥬리앙〉 하나를 샀다. 갓 결혼해서 신혼생활을 할 땐데, 자칫 평범한 생활에 젖어들 것 같은 나를 털어버리기 위해 방 한 모서리에 놓고 마냥 보았다. 꿈꾸는 생활을 놓치지 않으려 애를 썼다. 그러나 알게 모르게 그 석고상의 머리에 언제나 뿌연 먼지가 쌓이곤 했다.

화방에 갈 일은 별로 없었지만 일 년에 한두 번 정도는 들르게 되었다. 아이들 유치원 졸업사진 표구를 한다든가 연하장 카드용 종이를 구입할 때였다. 그리고 때로는 그 가게 앞을 지나치며 그 아저씨가 열심히 일하는 모습을 흘깃 보며 지나치곤 했다.

종이가 약간 필요한 날, 하늘이 잿빛으로 좀 흐리긴 했어도 가까운 거리이니 그냥 우산 없이 갔다. 그러나 그곳에 도착해서 조금 있

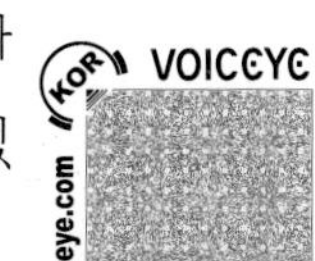

으려니 뿌연 안개처럼 비가 내리기 시작했다. 항상 무뚝뚝한 아저씨가 의자를 내놓으며 앉으라고 권한다. 그리고 커피포트에 물을 넣고 전기 코드를 꽂았다. 커피잔 두 개를 내놓으며 커피 가루를 덜어내고 있었다. 아저씨는 불쑥 내게 말했다.

"나는 나의 확실한 내 이름 한 문자를 몰라."

옆에서는 포트에서 물들이 보글보글 끓는 소리가 감미롭게 들려왔다. 이후부터 나는 입을 다물고 계속 그 아저씨의 이야기를 듣기만 해야 했다.

"고향이 이북인데 8살 때 혼자 월남했지…. 집 앞에서 놀다가 미군 찝차를 타고 넘어왔는데, 남한엔 피붙이라곤 아무도 없었어. 그저 여기저기 흘러다니며 공장에 다니고 막일도 했지. 그림도 배우다가 자원입대를 해서 상관 집에서 사모님의 덕을 많이 봤는데 얼마나 부모 동기간이 보고 싶은지 피가 끓는 것 같았어. 성장해서 보니 내 성의 본관도 확실하지 않고 한 문자도 모르고 해서 적당히 어느 ○씨라고 하고 한문도 대충 골라잡았지. 고맙게도 상관 사모님께서 지금 이 화방을 차려줘서 그 덕에 먹고 사는데, 지금 내 나이 50이 넘고 처자식도 있는데 왜 이렇게 마음은 허전한지 몰라. 제일 외로운 날은 명절이야. 찾아갈 선산 일가친척도 없고 해서 남들처럼 격식도 모르지만 설날 아침 차례를 지내고, 우리 세 식구는 기차를 타고 발길 닿는 데로 훌쩍 떠나갔다가 집으로 오는 거야…."

아저씨는 남자인데도 눈에 이슬이 맺혔다. 바라보는 나도 가슴이 메어왔지만 억지로 참으며 웃어 보였다.

"그러면 처가댁 식구는 많아요?"

내가 물었지만 "처가가 뭐야." 반문했다. 부인도 고아라고 했다.

"언제나 홀로 컸기 때문에 촌수 따지는 법도 사람끼리 살아가는 법도 몰라. 결혼 전부터 같이 있던 복슬강아지 뿐이었지. 그래도 예수를 믿지는 않지만 남을 속이지 않고 열심히 일하는 것밖에 몰랐어."

잘린 새끼 손가락을 내보여 주었다.

"얼마 전 좀 쉽게 일을 하려고 전기톱을 쓰다가 이렇게 손가락도 잘려나갔어…."

"……."

어떤 말도 할 수 없었다.

"나는 막상 말이야 결혼 날은 잡아놨는데 돈이 없었어. 그래서 전

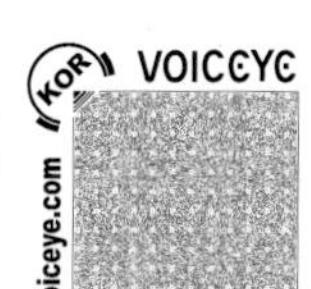

부터 알고 있던 화실에 뛰어갔지. 나 내일 이곳에서 결혼식 좀 올리게 해달라고, 그리고 동장을 찾아가서 주례를 부탁했지. 양복을 빌려 입고 구두도 빌려 신고 넥타이는 매준 채로 그냥 그대로 잤지. 아침에 화실에 가보니 화실 주인이 고맙게도 예식장처럼 꾸며주었어. 양단 천을 바닥에 깔아주고 아는 대학생 몇 명을 불러 기타를 들고오게 하고 커피도 끓이고 있었지. 신부의 부케까지도 준비해 놓았지 뭐야. 신부는 한복을 입고 왔는데, 그녀도 고아라서 그랬는지 너울도 쓰지 못하고 왔어. 화실 선생은 무슨 생각을 골똘히 하더니 모델로 쓰려던 국화꽃을 잘라 신부의 머리에 몇 송이 꽂아 주었지. 그리고 우리는 기타 반주에 맞추어 결혼식을 했어. 피로연은 커피 한 잔으로 대신했지. 동장이 모시고 온 내빈의 축하금으로 남산으로 신혼여행을 갔고 싸구려 여관으로 갔지. 그 이후로도 있을 방이 없어서 계속 여관 신세를 지다가 돈이 떨어져서 그다음부턴 이 화방 바닥에서 비닐 장판을 깔고 그냥 잤지 뭐. 세간이라곤 냄비 하나 밥공기 둘 수저 둘 뿐이었고…, 그러나 지금은 열심히 일한 결과인지 집도 두어 채 샀고 먹고살 만해졌지. 하하. 아무튼, 그냥 그래…. 아 참 빨리 일을 해야지."

아저씨는 털고 일어섰다.

"종이를 주셔야지요."

한마디 하며 자리에서 일어났다.

"그냥 가져가."

아저씨는 흰 종이 두루마리를 주셨다.

나는 비가 한 차례 떨어져 개운한 도로 위를 사뿐사뿐 걸었다.

종이 두루마리를 볼에 대기도 하고 가슴에 대어 보기도 했다.

'이 흰 종이는 참 순하디순하다.'

성냥갑

나는 핸드백 속에 성냥 한두어 갑을 넣고 다닌다.

음식점이나 커피전문점에서 나올 때 작고 앙증스러운 성냥을 백에 넣었다가 그냥 잊어버리기도 하고, 그대로 넣어 두기도 한다. 성냥갑은 나의 백 속에서 오랫동안 이리저리 굴러다녀 모서리가 닳기도 하고 성냥 알이 한두 알 빠져나와 있기도 한다. 나는 무엇을 찾으려고 백을 뒤지다가 성냥갑을 발견하면 그냥 웃는다.

내가 담배를 피워서 필요한 것도 아니고 달리 성냥 알이 필요한 것도 아니다. 그런데도 이것은 나의 마음을 든든하게 해준다. 살아가다가 고난에 처했다거나 위험이 있을 때 이 조그마한 것들이 나를 구해줄 것만 같다.

어느 날 모임이 있을 때 어떤 사람이 담배를 꺼내 들고 안절부절못한다. 상 밑을 들여다보기도 하고 옆을 두리번거리고 주머니를 더듬으며 라이터나 성냥을 찾는다. 옆에서 가만히 얼굴을 살펴보니 상실감 아니면 낭패스러운 얼굴이다.

모르는 척 하고 있다가 안스러워 "혹시 내 빽 속에 성냥이 있을지도 모른다"고 하며 찾아서 준다. 그러면 성냥갑을 건내받으며 표정이 야릇해진다. 마치 내숭을 떠는 여자를 보는 표정이기도 하고 너도 어쩔 수 없는 한 인간에 불과하다는 표정이다. 나는 일순간 후회한다. 그냥 모른 척하고 있으면 알아서 해결하던지 담배 피우는 것을 포기하던지 할 텐데 난 왜 참지 못하는지 모른다. 그리고 한마디씩 한다.

"담배도 안 피우는 것 같은데 성냥을 왜 갖고 다니세요?"

"그냥 핀다고 하지 뭘…, 어때요."

기실 내가 담배를 혹여 피운다고 해서 숨기거나 요조숙녀인 척할 필요까지는 없다. 담배를 피우고 안 피우고는 절대의 자유이다.

어떤 날은 담배를 피워 보고 싶은 충동을 느낄 때도 있다. 그러나 나는 나 스스로를 견제한다. 유교 교육을 받은 정신 바탕은 어떤 금기를 깨는 일로 여겨지기 때문이다.

지금 생각하지만 한 대여섯 살 적에 어른들이 담배를 피우는 것이 멋있어 보였다. 그래서 또래들과 어울려 뒤뜰에서 신문지를 말아 불을 댕겨 들이마신 적이 있다. 불길이 훌훌 타는 속에 손을 델까 급한김에 연기를 훅 들이키곤 그만 정신이 아득해지며 기침을 해대며 한참 혼이 났다. 그때 나는 이것은 나와 거리가 먼 세계의 것이라는 것을 어렴풋이 느꼈다.

나는 누군가가 고독에 젖거나 우수에 젖어 담배를 피우며 연기를 날리는 옆에 앉아 있기를 좋아한다. 아는 사람이건 모르는 사람이건 나는 옆에 앉아 그 냄새를 맡으며, 내 내면에 응고된 삶의 편린들이 반쯤 타서 연기와 함께 푸실푸실 날아가는 시원함을 느낀다.

물도 차면 넘치듯 입 밖에 내지 않은 설움이라던가. 고뇌가 차곡히 쌓이면 밖으로 배출해야 한다. 무엇이든지 고이고 쌓이면 냄새가 난다. 사람의 몸이 항아리라면, 몸속에 쌓인 것이 공기가 통하지 않으면 고린내가 날지도 모른다. 이제 나도 노(老)가 찾아들 것이다. 항아리 속에 담긴 된장도 뚜껑을 열어 공기가 통해야 하고 햇빛도 보아야 하듯 내 마음의 된장 같은 추억과 시름에게도 햇볕을 쬐어 줘야 한다.

빠르게 변하는 사회에서, 나는 어쩌면 원시인의 본능이 아직 그대로 내게 잠재되어 있는지도 모르겠다. 원시 세계에서 가장 중요한 것이 무엇인가. 맹수와 추위, 굶주림 속에서 살아남으려면 불씨는 생명과 같은 존재다.

아마도 성냥갑을 소지하며 불씨의 향수를 느끼는 나는 현대의 유인원일지도 모르겠다.

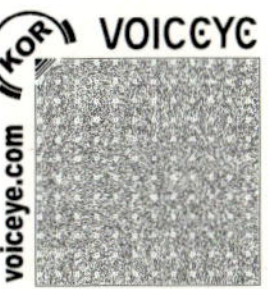

60여 년 창신동 이야기

나는 한 동네 창신동에서 60여 년을 살아왔다.

일부러 그렇게 하려 해도 어려울 텐데 아무래도 이것은 이 동네와 좋은 인연이 있어서 그런 것 같다. 이곳에서 성장하고 결혼하고 아이들을 낳고, 또 결혼을 시키고 손주도 생기고 내 인생의 통과의례를 모두 이곳에서 치른 셈이다.

그래도 별 탈 없이 이렇게 살아오다 보니 우리나라는 광복 70주년이 되었고 우리 부부는 결혼 40주년을 맞이하게 되었다. 다사다난한 세월을 보내고 인고(忍苦)의 나날도 보냈다. 그렇게 지내다 보니 이제 조금 한숨을 돌리며 뒤를 돌아보는 여유가 생기는 것 같다.

흥인지문(동대문)을 매일 보며 그 주위를 맴돌고 살다가, 이제야 흥인지문을 유심히 보게 되었다. 이태조가 한양에 도읍을 정할 때 건국이념을 '인(仁) 의(義) 예(禮) 지(知)'에 뜻을 두어서 사대문을 지었다고 한다. 그 사대문의 하나인 흥인지문(興仁之門)은 '인(仁)'을 부흥시킨다는 뜻을 의미한다고 한다.

그것은 자비와 용서, 화해와 배려, 사랑과 긍휼이라고 한다. 그래서인지 이 창신동은 달동네이지만 서로 돕고 살고 이웃끼리 우애도 있고, 지짐을 부쳐도 같이 나누어 먹고 하던 곳이다. 그런데 이제는 다문화시대를 맞아서 다른 나라에서 온 이웃들과도 나란히 사이좋게 지내고 평화롭게 지내야 하는 동네가 되었다.

그동안 살아가며 일기처럼 써 놓았던 작은 글들을 엮어 보았다. 조금은 치부를 드러내 놓는 것 같아 부끄럽지만, 산기슭에 사는 소박한 아낙이 차 한 잔 기울이며 소곤거리는 속삭임으로 여겨주시면 좋겠다. 감사함을 마음속 깊이 간직하고 싶다.

그리고 이 글에 들어간 창신동 주변 사람들과 우리 가족 친지 항상 격려를 아끼지 않는 나의 반려자에게 감사한다. 그리고 부족한 졸문을 한 권 책으로 엮어주신 출판사 직원분들께 머리 숙여 감사드린다.

2015 가을, 김복희

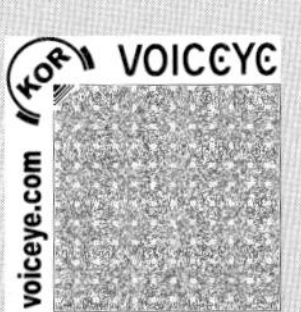

국립중앙도서관 출판예정도서목록(CIP)

오후 5시 = At 5 p.m : Kim Bokhui essay / 글그림: 김복희.
-- 서울 : 담장너머, 2016
p. ; cm. -- (Over a wall prose ; 6)

ISBN 978-89-92392-40-2 03810 : ₩10000

한국 현대 수필[韓國現代隨筆]

814.7-KDC6
895.745-DDC23 CIP2015032894

인지생략

오후 5시

2016년 1월 5일 초판 1쇄 인쇄
2016년 1월 9일 초판 1쇄 펴냄

글그림 | 김복희
펴낸이 | 송계원
디자인 | 송동현 정선
제 작 | 민관홍 박동민 민수환
펴낸곳 | 도서출판 담장너머
등 록 | 2005년 1월 27일 제2-4102
주 소 | 100-272 서울시 중구 퇴계로36나길 19-13, 105호
전 화 | 02-2268-7680, 010-8776-7660
팩 스 | 02-2268-7681
이메일 | overawall@hanmail.net
카 페 | http://cafe.daum.net/overawall

ISBN 89-92392-40-2 03810
값 10,000원

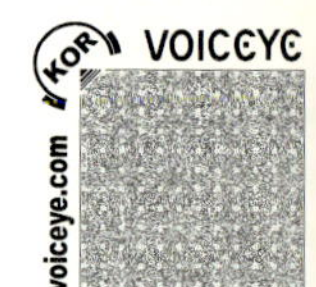